바로 배워 바로 쓰는

비즈니스 한국어

세종학당재단 기획

1

세종학당재단
King Sejong
Institute Foundation

발간사 Publishing Firm

2007년 3개국 3개소로 첫발을 내디딘 세종학당은, 해외 한국어 학습에 대한 수요가 꾸준히 증가함에 따라 2019년 12월 현재 60개국 180개소로 확대되어 전 세계 곳곳에서 한국어와 한국 문화를 소개하며 한국어 보급 대표기관으로서의 위상을 높이고 있습니다.

지난 10여 년간 한국어 학습 수준은 높아지고, 학습 목적 또한 다양화되고 있습니다. 최근 한국 기업의 해외 진출이 가속화되어 국외 사업장의 한국인 관리자와 현지 외국인의 의사소통이 중요시되고, 취업을 목적으로 한국어를 배우는 학습자들을 위한 교재가 필요함에 따라 세종학당재단에서는 〈비즈니스 한국어 1, 2〉를 출판하게 되었습니다.

〈비즈니스 한국어 1, 2〉는 취업목적의 해외 한국어 학습자를 위하여 개발된 교재로 일상생활 상황 중심의 범용 한국어 교재와는 다르게 비즈니스 상황에서 필요한 표현, 주제를 선별하여 내용을 구성하였습니다. 또 지문 등 일부 부분을 한-영 병기 표기하여 학습자의 이해를 돕고, 학습 효과를 높이고자 하였습니다.

이 교재를 통해 학습자들이 한국과 조금 더 가까워질 수 있기를 바랍니다. 세종학당재단에서 출판되는 교재는 누리-세종학당(http://www.sejonghakdang.org)을 통해 e-book 형태로도 제공되며, 지침서와 활동지 등을 세종학당 교원뿐만 아니라 이 교재를 사용하는 모든 교원 및 학습자가 활용할 수 있도록 제공하고 있습니다. 교재를 구매하신 분들께서 온라인 교육 자료를 적극적으로 활용하여 학습 효과를 높일 수 있기를 기대합니다. 앞으로도 세종학당재단은 다양한 교육 자료를 개발을 통해 한국어 보급에 앞장서 나갈 것입니다.

마지막으로 〈비즈니스 한국어 1, 2〉 개발과 출판에 많은 도움을 주신 여러 선생님께 감사의 말씀을 전합니다. 이화여자대학교 김현진 교수님을 비롯해 교재 개발에 참여해 주신 집필진 분들께 진심으로 감사의 말씀을 드립니다. 그리고 교재 편집과 출판을 위해 큰 노력을 해 주신 ㈜도서출판 하우 관계자 분들께도 깊은 감사를 드립니다.

2019년 12월
세종학당재단 이사장 강현화

2012년에 국외 한국어 교육과 한국 문화 보급 사업을 총괄하기 위해 설립된 세종학당재단이 벌써 7년이 넘어가고 있습니다. 2019년 현재 30개국 180곳에 해외 세종학당을 운영하고 있고 내년에는 더 확장될 것이라고 하니 이제 명실공히 세종학당을 '세계 속의 한국'이라고 칭하는 데 손색이 없다고 하겠습니다.

이와 같은 노력에 힘입어 세종학당에서 한국어를 배우는 학생 수가 빠르게 증가했을 뿐만 아니라 한국어를 배우는 학습 목적도 다양해졌습니다. 특히 해외 한국 기업에 취업하고자 하는 목적으로 한국어를 배우는 학생들이 많아지면서 이들을 위한 교재가 없어 교재 집필이 절실했었습니다.

이러한 바람들을 잘 알기에 〈바로 배워 바로 쓰는 비즈니스 한국어 1, 2〉를 집필하게 된 저희 집필진들은 교재 집필 전에 그리고 집필하면서 해외 현지 세종학당 한국어 선생님들, 한국 기업에 취업하고자 하는 예비 취업자와 이미 취업한 학생들, 현지 한국 기업 관계자 등을 만나서 무슨 내용을 어떻게 교재에 담으면 좋을지 현장 조사, 설문 조사 등을 통해 한국어 수요자들의 의견을 수렴하였습니다.

이 자리를 빌려 설문 조사와 현장 조사에 응해 주신 베트남 하노이 1, 2, 3 세종학당을 비롯한 해외 세종학당 한국어 선생님들과 학생들, 그리고 시범 사용에 도움을 주신 중국 선양 세종학당 선생님들, 시범 사용 후 피드백을 주신 인도네시아, 터키, 우즈베키스탄, 과테말라 등의 해외 세종학당 선생님들, 전문가 자문회의에서 꼼꼼하고 정성스럽게 피드백을 주신 한국어교육 교수님들, 세종학당재단 담당 선생님들께 마음 깊이 감사드립니다. 더불어 여러 해 동안 이 책 디자인을 위해 고민해 주시고 예쁘게 편집, 출판해 주신 ㈜도서출판 하우 관계자 분들께도 진심으로 감사드립니다.

본 교재는 〈세종한국어〉와 연계하여 세종학당에서 비즈니스 한국어 교육과정 운영 시 활용할 수 있도록 직장 내 기초적인 한국어 의사소통 능력 향상을 목표로 하는 1권과 실무 상황에 필요한 의사소통 능력 향상을 목표로 하는 2권으로 구성하여 단계별로 제작되었습니다. 또한 세종학당 현장에서 교재의 활용도를 높이기 위해 각 단계별로 비즈니스 한국어 교사를 위한 지침서와 수업 시 활용도를 높이기 위한 수업 활동지, 듣기 파일, PPT 등 수업 보조 자료도 함께 개발하여 현장 적용이 최적화된 교재를 제작해 교재 만족도를 높이고자 하였습니다.

좋은 교재 개발에 소명감을 갖고 주말과 공휴일, 늦은 밤도 마다하지 않고 모여 열심을 다해 만든 이 교재가 아직도 여전히 부족하지만 세상 밖으로 나오게 되었습니다. 이 교재가 현지 세종학당 선생님들과 학생들에게 조금이나마 도움이 되길 바라며 저희 집필진들은 책무를 내려놓고자 합니다. 그동안 애정을 갖고 조언을 해 주셨던 많은 분들께 거듭 감사 말씀 드립니다.

2019년 12월
교재 집필진 일동

차례 Table of Contents

교재 구성표

단원			과제
1과	구직 활동	Part 1	구직 관련 이메일 읽고 쓰기
		Part 2	이력서 읽고 쓰기
2과	면접 준비	Part 1	자기소개서 읽고 쓰기
		Part 2	면접 내용 듣고 말하기
복습 1			
3과	부서와 직급	Part 1	부서 업무를 소개한 글 읽고 말하기
		Part 2	회사 사람들을 소개한 글 읽고 쓰기
4과	인사	Part 1	입사한 직장에서 첫인사하기
		Part 2	비즈니스 상황에서 인사 주고받기
복습 2			
5과	회사 생활	Part 1	회사에서의 하루 일정에 대해 듣고 말하기
		Part 2	사내 동호회에 관한 글을 읽고 쓰기
6과	일상생활	Part 1	메신저 대화 읽고 일상 대화 말하기
		Part 2	주말 활동 이야기를 듣고 말하기
복습 3			
7과	업무 전화	Part 1	회의 시간을 바꾸는 통화 내용 듣고 말하기
		Part 2	통화 내용 듣고 메모하기
8과	휴가	Part 1	휴가 신청서를 읽고 쓰기
		Part 2	호텔 예약 웹사이트를 읽고 말하기
복습 4			
9과	고객 응대	Part 1	고객 응대 대화 듣고 말하기
		Part 2	회사의 신제품 안내 관련 대화 듣고 말하기
10과	회의	Part 1	회의 준비에 관한 대화 듣고 말하기
		Part 2	광고에 대한 대화 듣고 쓰기
복습 5			
11과	출장	Part 1	출장 계획서 읽고 쓰기
		Part 2	시장 조사에 관한 대화 듣고 말하기
12과	보고 1	Part 1	출장 보고서 읽고 구두로 보고하기
		Part 2	업무 일지 읽고 작성하기
복습 6			

문법	어휘 및 표현
(이)나	구직 활동 관련 어휘
동안	이력서 항목 관련 어휘
-(으)ㄴ/는/(으)ㄹ	업무 관련 어휘
-(으)ㄹ 수 있다/없다	실무 관련 어휘
-기 때문에	부서 관련 어휘
-(으)ㄴ/는 편이다	직급 관련 어휘
-았/었으면 좋겠다	첫인사 관련 표현
-(으)ㄴ 덕분에	비즈니스 인사 관련 표현
-기 전에	회사 생활 관련 기초 어휘
-(으)ㄴ/는데	직장 내 모임 및 행사 관련 어휘
-겠-	감정 관련 어휘
-(으)ㄴ 적이 있다/없다	주말 활동 관련 어휘
-(으)ㄴ/는 것 같다	전화 관련 표현
-(으)ㅁ	메모 관련 표현
-(으)려고 하다	휴가 관련 어휘
-아/어도 되다	호텔 예약 관련 어휘
-(으)니까	고객 응대 관련 어휘
-(으)시겠습니까?	회사 안내 관련 어휘
-아/어 줄래요?	회의 준비 관련 어휘
-는 것	광고 관련 어휘
-(으)려면	출장 관련 어휘
-(으)ㅂ시다	시장 조사 관련 어휘
-거나	구두 보고 관련 어휘
-기로 하다	서면 보고 관련 어휘

Textbook Scheme

Unit			Task
Unit 1	Job-Seeking Activities	Part 1	Reading and Writing Job-Seeking Related Email
		Part 2	Reading and Writing a Resume
Unit 2	Preparing for Job Interview	Part 1	Reading & Writing Cover Letter
		Part 2	Listening to an Interview Situation & Speaking
Review 1			
Unit 3	Department and Position	Part 1	Reading & Speaking Introduction to Works of Departments
		Part 2	Reading & Writing Introduction to People of the Company
Unit 4	Greetings	Part 1	Saying Hi for the First Time at Work
		Part 2	Exchanging Greetings in Business Situation
Review 2			
Unit 5	Office Life	Part 1	Listening to the Daily Schedule at Work & Speaking
		Part 2	Reading & Writing about in-House Clubs
Unit 6	Daily Life	Part 1	Reading Instant Message Conversation & Having an Everyday Conversation
		Part 2	Listening to Weekend Activities & Speaking
Review 3			
Unit 7	Business Call	Part 1	Listening to a Telephone Conversation about Change in Meeting Time & Speaking
		Part 2	Listening to a Telephone Conversation & Making a Note
Unit 8	Vacation	Part 1	Reading & Writing a Vacation Request
		Part 2	Reading the Booking Website of Hotel & Speaking
Review 4			
Unit 9	Customer Reception	Part 1	Listening to a Customer Conversation & Speaking
		Part 2	Listening to a Conversation Related to the Company's New Product Guide & Speaking
Unit 10	Meeting	Part 1	Listening to a Conversation Related to Preparation for a Conference & Speaking
		Part 2	Listening to a Conversation about Advertising & Writing
Review 5			
Unit 11	Business Trip	Part 1	Reading & Writing a Business Trip Plan
		Part 2	Listening to a Conversation about Market Research & Speaking
Unit 12	Report 1	Part 1	Reading a Report of Business Trip & Making an Oral Report
		Part 2	Reading & Writing in a Daily Work Log
Review 6			

Grammar	Vocabulary & Expressions
(이)나	Job Seeking Activity-Related Vocabulary
동안	Resume-Related Vocabulary
–(으)ㄴ/는/(으)ㄹ	Work-Related Vocabulary
–(으)ㄹ 수 있다/없다	Business Practice-Related Vocabulary
–기 때문에	Department-Related Vocabulary
–(으)ㄴ/는 편이다	Position-Related Vocabulary
–았/었으면 좋겠다	First Greeting-Related Expressions
–(으)ㄴ 덕분에	Business Greeting-Related Expressions
–기 전에	Office Life-Related Basic Vocabulary
–(으)ㄴ/는데	In-House Meetings and Events-Related Vocabulary
–겠–	Emotion-Related Vocabulary
–(으)ㄴ 적이 있다/없다	Weekend Activities-Related Vocabulary
–(으)ㄴ/는 것 같다	Phone Call-Related Expressions
–(으)ㅁ	Memo-Related Expressions
–(으)려고 하다	Vacation-Related Vocabulary
–아/어도 되다	Hotel Reservation-Related Vocabulary
–(으)니까	Customer Reception-Related Vocabulary
–(으)시겠습니까?	Company Guidance-Related Vocabulary
–아/어 줄래요?	Meeting Preparation-Related Vocabulary
–는 것	Advertising-Related Vocabulary
–(으)려면	Business Trip-Related Vocabulary
–(으)ㅂ시다	Market Research-Related Vocabulary
–거나	Oral Report-Related Vocabulary
–기로 하다	Written Report-Related Vocabulary

일러두기

전 세계 한국어 교육의 진흥과 한국 문화 확산을 촉진하는 세종학당은 비즈니스 목적의 해외 한국어 학습자를 위하여 〈바로 배워 바로 쓰는 비즈니스 한국어 1〉을 개발하였다. 〈바로 배워 바로 쓰는 비즈니스 한국어 1〉은 비즈니스 한국어 교육과정을 위한 교재로 개발되었으며, 학습자들이 직장 내에서 기본적인 한국어 의사소통 능력을 향상시키고 기초적인 업무 지식을 익히는 것에 목표를 두었다.

집필 방향

- 〈바로 배워 바로 쓰는 비즈니스 한국어 1〉은 세종학당의 비즈니스 한국어 교육과정의 목적에 맞게 학습자들이 기초적인 한국어 의사소통 능력을 바탕으로 비즈니스 상황에 필요한 업무 지식을 배우고, 직무 능력을 향상시키도록 개발되었다.
- 실질적이고 필수적인 비즈니스 업무 지식을 익힐 수 있도록 해외 세종학당 한국어 교사, 한국 기업 취업을 희망하는 예비 취업자, 한국 기업의 근로자 및 중간관리자, 기업 담당자를 대상으로 한 요구 조사를 실시하였고, 요구 조사 결과를 바탕으로 학습 내용을 선정하였다.
- 특히 직업 목적 한국어 학습자의 요구와 국외 한국 기업 종사자들의 의견을 수렴하여 직무 상황에서 중요하다고 응답한 내용을 적극적으로 반영하여 순차적으로 배치하였다.
- 학습자가 비즈니스 상황에서 유용하게 사용할 수 있도록 직장 생활에서 흔히 접할 수 있는 필수적인 주제, 어휘, 표현으로 구성하였다.
- 말하기, 듣기, 읽기, 쓰기의 조화로운 의사소통 능력을 향상시키되 듣기, 말하기를 바탕으로 읽기, 쓰기 능력을 함양할 수 있도록 다양하고 실질적인 과제 활동을 포함하였다.
- 〈세종한국어〉와의 연계를 고려하여 〈세종한국어 1, 2〉를 학습한 후 본 교재를 사용할 수 있도록 어휘와 문법을 선정하였다.

교재 구성

- 〈바로 배워 바로 쓰는 비즈니스 한국어 1〉은 총 12개의 주제 관련 과와 6개의 복습과로 구성되었다.
- 1개의 과는 2개의 파트로 구성하여 교재 전체의 파트 수는 24개이고, 2개의 과마다 복습과가 있어 전체 복습과의 수는 6개이다.
- 문법은 파트당 1개씩, 모두 24개이다.
- 어휘는 파트당 주제 관련 어휘를 6개, 새 어휘를 평균 5개 가량 선정하여 교재 전체에 나오는 신출 어휘의 수는 총 257개이다.

교육과정

- 교육과정은 세종학당의 사정에 따라서 48시간형이나 60시간형을 선택하여 운영할 수 있다.
- 한 파트당 교육 시간이 2시간이므로 48시간형은 주당 4시간씩 12주 동안 운영하되 복습과를 과제로 부여하도록 하였고, 60시간형은 복습과를 수업 시간에 포함하여 주당 6시간씩 10주 동안 운영하도록 구성하였다.

Explanatory Notes

King Sejong Institute, which promotes Korean language education and the spread of Korean culture around the world, has developed <Business Korean 1> for overseas Korean learners with business purposes. <Business Korean 1> was developed as a textbook for Korean curriculum for business purposes, with the goal of helping learners to improve basic Korean communication skills and to acquire basic work knowledge in the workplace.

Direction of Content Organizing
- <Business Korean 1> was developed to help learners learn the business knowledge necessary for business situations and improve their job skills based on the basic Korean communication skills, according to King Sejong Institute's business Korean curriculum.
- In order for learners to learn practical and essential business work knowledge, a demand survey of Korean teachers of King Sejong Institutes overseas, prospective employees seeking employment in Korean companies, workers and middle managers of Korean companies, and corporate personnel was carried out. And based on the results, learning contents were selected.
- In particular, the demands of Korean language learners for the purpose of work and the opinions of employees of Korean companies abroad were collected, and thus contents that were said to be important in the job situation were actively reflected and arranged sequentially.
- This text is composed of essential topics, vocabulary, and expressions commonly found in the workplace so that learners can use them usefully in business situations.
- It includes a variety of practical task activities to improve the harmonious communication skills of speaking, listening, reading and writing, and to develop reading and writing skills based on listening and speaking.
- Considering the connection with <Sejong Korean>, vocabulary and grammar were selected so that learners could use this textbook after studying <Sejong Korean 1 and 2>.

Organization
- <Business Korean 1> is composed of 12 subject-related lessons and 6 review lessons.
- One lesson consists of two parts, and the total number of parts is 24. There are review lessons for every two lessons, and the total number of review lessons is six.
- There are 24 grammars, one for each part.
- With six subject-related vocabularies and average five new vocabularies per part, a total of 257 new vocabularies appear in this textbook.

Curriculum
- The curriculum can be operated by selecting either 48-hour or 60-hour type depending on the circumstances of King Sejong Institute.
- Since the education time per part is 2 hours, the 48-hour type is to be run for 4 hours per week for 12 weeks with the review sections as a task; whereas the 60-hour type is for 6 hours per week for 10 weeks with the review sections included in class hours.

단원 구성 Unit Structure

- 〈바로 배워 바로 쓰는 비즈니스 한국어 1〉은 12과로 이루어져 있다.
  <Business Korean 1> is composed of 12 lessons.

- 각 과는 **Part 1**과 **Part 2**로 구성되어 있으며 **Part 1**과 **Part 2**는 도입, 연습, 말하기, 과제의 순서로
  진행된다.
  Each lesson consists of Part1 and Part2. Part1 and Part2 are organized in the order of introduction, practice, speaking and task.

도입 Introduction

Part의 학습목표를 제시했다.

It presents learning objectives of the Part.

Part의 학습 내용과 관련된 사진을 제시했다.

A photo related to the learning content of the part is presented.

간단한 듣기나 질문을 통해 학습자들을 자연스럽게 학습 내용으로 유도할 수 있도록 했다.

Through simple listening or questions, the learners can be naturally guided to the content.

연습 Practice

Part의 주제와 관련된 어휘 및 표현을 제시했다.
어휘 및 표현은 명사, 동사, 형용사, 연어 순으로 그리고 가나다 순으로 정렬했다.

The vocabulary and expressions related to the subject of the part are presented. Vocabulary and expressions are sorted by noun, verb, adjective, and collocation alphabetically.

목표 문법에 대한 간단한 설명을 번역과 함께 제시했다.

A brief explanation of the target grammar is presented with the translation.

새로 나온 어휘를 제시했다.

New vocabularies are presented.

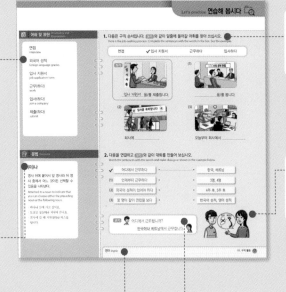

어휘 및 표현을 정확하게 이해했는지 문제를 통해 확인하게 했다.

Asking questions helps confirm that learners understood words and expressions correctly.

사진이나 그림을 통해 목표 문법이 언제 어떻게 사용되는지 알려 주었다.

The photos or pictures show when and how the target grammar would be used.

목표 문법의 연습을 말하기 활동으로 제시했다.

Speaking activities are presented to practice goal grammar.

말하기 Speaking

목표 문법을 활용한 비즈니스 상황의 말하기 연습으로 구성했다. 그림이나 표를 제시해서 대화를 구성할 때 학습자들에게 도움이 될 수 있도록 했다.

It consists of speaking practice in business situations using the target grammar. Pictures or tables are presented to help learners organize conversations.

과제　Task

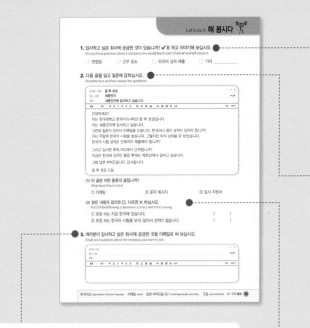

활동과 관계있는 사진이나
질문을 통해 본 활동의 내용을
예측할 수 있도록 했다.

Pictures and questions related to the
activity helps predict the content of
the activity.

'듣고 말하기', '읽고 쓰기', '읽고
말하기' 등의 복합 기능을 연습할
수 있도록 했다.

It allows learners to practice multi-
skill such as 'listening and speaking',
'reading and writing' and 'reading and
speaking'.

활동 주제와 관련된 말하기나 쓰기를 하면서
Part의 학습 내용을 다시 확인하고 실제 상황에서
적용할 수 있도록 했다.

Speaking or writing about the topic of the activity,
learners can re-check the part's learning and apply it in
real situations.

Part의 주제와 관련된 듣기나
읽기를 잘 이해했는지 문제를
통해 확인하도록 했다.

Asking questions allows learners
to check to see if they had a good
understanding of listening or reading
related to the topic of the part.

최정훈
지사장

박지원
영업팀 부장

김수지
연구개발팀 과장

이민수
인사팀 대리

자오웨이
영업팀 차장

응우옌 반 뚜언
기획팀 과장

리야 샤르마
총무팀 대리

아나 로메로 산체스
홍보팀 주임

인드라 위자야
구매팀 주임

팜 투 흐엉
인사팀 신입 사원

01 구직 활동
Job-Seeking Activities

학습목표 Aims of the Lesson
입사하고 싶은 회사에 궁금한 점에 대해 묻거나 이메일을 쓸 수 있다.
To ask questions or write an email if you have any questions about a company that you would like to join.

Part 1

한국어나 영어 성적이 있습니까?
Do you have Korean or English score?

세종전자 사원 채용
세종전자에서 새로운 사람을 찾습니다.

- **여러분은 어떤 회사에서 일하고 싶습니까?**
  What company do you want to work for?

- **그 회사에 대해 알고 싶은 것이 있습니까?**
  Do you have anything you want to know about the company?

어휘 및 표현 Vocabulary and Expressions

면접
interview

외국어 성적
foreign language grades

입사 지원서
job application form

근무(하다)
work

입사(하다)
join a company

제출(하다)
submit

문법 Grammar

(이)나

명사 뒤에 붙어서 앞 명사와 뒤 명사 중에서 어느 것이든 선택할 수 있음을 나타낸다.

Attached to a noun to indicate that you can choose either the preceding noun or the following noun.

- 바다나 산에 가고 싶어요.
- 토요일 점심이나 저녁에 만나요.
- 회사에 갈 때 지하철이나 버스를 탑니다.

1. 다음은 구직 순서입니다. 보기 와 같이 밑줄에 들어갈 어휘를 찾아 쓰십시오.

Here is the job-seeking process. Complete the sentences with the words in the box. See the example.

| 면접 | ✔ 입사 지원서 | 근무하다 | 입사하다 |

보기

입사 지원서 을/를 제출합니다.

(1)

_____ 을/를 봅니다.

(2)

회사에 _____.

(3)

오늘부터 회사에서 _____.

2. 다음을 연결하고 보기 와 같이 대화를 만들어 보십시오.

Match the sentences with the words and make dialogs as shown in the example below.

✔ 어디에서 근무하다	··········	한국, 베트남
(1) 언제부터 근무하다	·	3명, 4명
(2) 외국어 성적이 있어야 하다	·	4주 후, 5주 후
(3) 몇 명이 같이 면접을 보다	·	한국어 성적, 영어 성적

 보기 어디에서 근무합니까?

한국이나 베트남에서 근무합니다.

말해 봅시다 Let's talk

💬 보기 와 같이 말해 보십시오.
Let's talk like the example.

보기

외국어 성적이 있어야 합니까?

네, 외국어 성적이 있어야 합니다.

어떤 성적이 있어야 합니까?

한국어 성적**이나** 영어 성적이 있어야 합니다.

한국어 성적　영어 성적

A　A

1.

면접을 봐야 합니까?

네, _____.

언제 면접을 봅니까?

_____.

3일 후

일요일	월요일	화요일	수요일	목요일	금요일	토요일
13	⑭ 오늘	15	16	⑰ 면접	⑱ 면접	19

4일 후

2.

한국에서 근무해야 합니까?

네, _____.

한국 어디에서 근무합니까?

_____.

서울

경주

3.

한국어를 잘해야 합니까?

네, _____.

한국어 성적 몇 급이 있어야 합니까?

_____.

한국어능력시험 성적증명서
OFFICIAL TOPIK SCORE REPORT

시험 결과(Test Result)

영역	점수	수험자 점수 및 수험 집단 평균	총점	등급
듣기	70/100	66.53	139/200	2급

한국어능력시험 성적증명서
OFFICIAL TOPIK SCORE REPORT

시험 결과(Test Result)

영역	점수	수험자 점수 및 수험 집단 평균	총점	등급
듣기	68/100	67.53	129/200	3급
읽기	61/100	66.53		

1. 입사하고 싶은 회사에 궁금한 것이 있습니까? ✔표 하고 이야기해 보십시오.

Do you have questions about a company you would like to join? Check ✔ and talk about it.

☐ 면접일   ☐ 근무 장소   ☐ 외국어 성적 제출   ☐ 기타 _____

2. 다음 글을 읽고 질문에 답하십시오.

Read the text and then answer the questions.

보내는 사람	**팜 투 흐엉**
받는 사람	**세종전자** 주소록
제목	**세종전자에 입사하고 싶습니다.**

글꼴 ∨ 10pt ∨ 가 가 가 카 갈 ᄤ ᄐ ᄐ ᄐ ᄐ URL ⊠ ⬜ ☺ 삽입∨   서명 │ 편지지

안녕하세요?
저는 한국대학교 한국어과 4학년 팜 투 흐엉입니다.
저는 세종전자에 입사하고 싶습니다.
그런데 질문이 있어서 이메일을 드립니다. 한국어나 영어 성적이 있어야 합니까?
지난 주말에 한국어 시험을 봤습니다. 그렇지만 아직 성적을 못 받았습니다.
한국어 시험 성적은 언제까지 제출해야 합니까?

그리고 입사한 후에 어디에서 근무합니까?
지금은 한국에 있지만 졸업 후에는 베트남에서 일하고 싶습니다.
그럼 답변 부탁드립니다. 감사합니다.

팜 투 흐엉 드림

(1) 이 글은 어떤 종류의 글입니까?

What kind of text is this?

① 이메일   ② 문자 메시지   ③ 입사 지원서

(2) 읽은 내용과 같으면 O, 다르면 X 하십시오.

Put O if the following statement is correct and X if it's wrong.

① 흐엉 씨는 지금 한국에 있습니다.   (   )
② 흐엉 씨는 한국어 시험을 보지 않아서 성적이 없습니다.   (   )

3. 여러분이 입사하고 싶은 회사에 궁금한 것을 이메일로 써 보십시오.

Email your questions about the company you want to join.

보내는 사람	
받는 사람	주소록
제목	

글꼴 ∨ 10pt ∨ 가 가 가 카 갈 ᄤ ᄐ ᄐ ᄐ ᄐ URL ⊠ ⬜ ☺ 삽입∨   서명 │ 편지지

학습목표 Aims of the Lesson
입사하고 싶은 회사에 제출할 이력서를 쓸 수 있다.
To prepare a resume to submit to the company you want to join.

Part 2

1년 동안 어학연수를 했습니다
I attended a language program for a year.

- **여러분은 한국어로 이력서를 써 봤습니까?**
  Have you written your resume in Korean?

- **이력서에 무엇을 쓸까요?**
  What should you write on your resume?

어휘 및 표현 Vocabulary and Expressions

경력
career

국적
nationality

봉사 활동
voluntary service

어학연수
language training course

연락처
contact number

학력
educational background

문법 Grammar

동안

명사 뒤에 와서 어떤 일이 이루어지는 기간을 나타낸다.

Attached to a noun to indicate the period during which something is done.

- 한 달 **동안** 여행을 할 거예요.
- 한 시간 **동안** 친구를 기다렸어요.
- 6개월 **동안** 한국에 있는 회사에서 일했습니다.

1. 다음은 이력서의 한 부분입니다. [보기]와 같이 밑줄에 들어갈 어휘를 찾아 쓰십시오.

Here is part of the resume. Complete the sentences with the words in the box. See the example.

경력	✔ 국적	학력	연락처

성명	김유미 (Kim, Yu Mi)	
[보기] __국적__	대한민국	
생년월일	1994. 11. 07.	
(1) _____	010-5572-1004, yumi22@naver.com	
(2) _____	2011.03. ~ 2015.02.	한국대학교 한국어과
(3) _____	2015.03. ~ 2015.12.	세종전자 인턴

2. 다음을 보고 [보기]와 같이 대화를 만들어 보십시오.

Make dialogs. See the example below.

[보기]	얼마 동안 한국어를 공부했습니까?	
	<u>2년</u> **동안** 공부했습니다.	

✔	한국어를 공부했다	2년
(1)	인턴을 했다	1년 4개월
(2)	봉사 활동을 했다	6주
(3)	아르바이트를 했다	한 달

말해 봅시다 Let's talk

보기 와 같이 말해 보십시오.
Let's talk like the example.

보기

어학연수를 했습니까?

네, 한국대학교에서 어학연수를 했습니다.

얼마 동안 했습니까?

1년 **동안** 했습니다.

1년
(1월 ~ 12월)

한국대학교 – 어학연수

1.

1년 6개월
(2018.06. ~ 2019.12.)

중국의 대학교 – 중국어

중국어를 배웠습니까?

네, _____.

 얼마 동안 배웠습니까?

_____.

---

2. 봉사 활동을 했습니까?

네, _____.

얼마 동안 했습니까?

_____.

한 달
(9월 1일 ~ 9월 30일)

박물관 – 봉사 활동

---

3. 인턴을 했습니까?

6주
(7월 1일 ~ 8월 12일)

한국건설 – 인턴

네, _____.

 얼마 동안 했습니까?

_____.

1. 이력서에 무엇을 쓰면 좋을까요? 모두 ✔ 표 하고 이야기해 보십시오.

What should you write on your resume? Check ✔ and talk about it.

☐ 성명 ☐ 취미 ☐ 졸업 학교 ☐ 외국어 성적

2. 다음은 흐엉 씨가 회사에 제출하는 이력서입니다. 읽고 질문에 답하십시오.

The following is a resume submitted by Ms. Huong to the company. Read and answer the questions.

이 력 서

성명	팜 투 흐엉 (Pham Thu Huong)	
국적	베트남	
생년월일	1992. 07. 15.	
연락처	huong0715@mail.com	
학력	2013.03. ~ 2017.02.	한국대학교 한국어과
경력	2017.03. ~ 2017.08.	한국건설 인턴
기타 사항	2015.06.	한국어 시험 4급
	2012.12. ~ 2013.02.	한국대학교 어학연수(10주)
	2015.07. ~ 2015.12.	서울외국인센터 봉사 활동(6개월)

(1) 흐엉 씨가 이 글을 쓴 이유는 무엇입니까?

Why did Ms. Huong prepare this article?

① 여행하고 싶어서 ② 취직하고 싶어서 ③ 친구를 사귀고 싶어서

(2) 읽은 내용과 같으면 O, 다르면 X 하십시오.

Put O if the following statement is correct and X if it's wrong.

① 흐엉 씨는 인턴과 봉사 활동을 해 봤습니다. (   )

② 흐엉 씨는 6개월 동안 어학연수를 했습니다. (   )

3. 여러분의 이력서를 써 보십시오.

Prepare your resume.

이 력 서

성명		
국적		
생년월일		
연락처		
학력		

02 면접 준비
Preparing for Job Interview

학습목표 Aims of the Lesson
입사하고 싶은 회사에 제출할 자기소개서를 쓸 수 있다.
To prepare a cover letter to submit to the company you want to join.

Part 1
세종전자에서 근무한 경험이 있습니다
I have worked for Sejong Electronics.

- 여러분은 한국어로 자기소개서를 써 봤습니까? 자기소개서에 어떤 내용을 썼습니까?
  Have you ever written your cover letter in Korean? What did you write in your cover letter?

- 어떤 내용을 쓰고 싶습니까?
  What would you like to write on it?

어휘 및 표현 Vocabulary and Expressions

업무
work

제품
product

개발(하다)
develop

기획(하다)
plan

생산(하다)
produce

홍보(하다)
promote

문법 Grammar

-(으)ㄴ/는/(으)ㄹ

동사 뒤에 붙어서 그 뒤에 오는 명사를 수식하고 그 사건이나 행위가 과거, 현재, 미래에 일어남을 나타낸다.

Attached to a verb to modify the noun that comes after it and to indicate that an event or action occurs in the past, present, or future.

- 어제 **먹은** 불고기가 맛있었어요.
- 지금 **하는** 일이 재미있습니다.
- 제가 내일 **볼** 영화를 예약할게요.

1. 다음은 회사 업무입니다. 보기 와 같이 밑줄에 들어갈 어휘를 찾아 쓰십시오.

The following pictures show company works. Complete the sentences with the words in the box. See the example.

| 개발하다 | ✔ 기획하다 | 생산하다 | 홍보하다 |

신제품을 <u>기획합니다</u>.

(1)

신제품을 _____.

(2)

제품을 _____.

(3)

우리 회사 제품을 _____.

2. 다음은 세종전자 뚜언 씨의 업무 소개입니다. '-(으)ㄴ/는/(으)ㄹ'을 사용해서 글을 완성해 보십시오.

The followings are business introduction presented by Mr. Tuon working for Sejong Electronics. Complete the text using '-(으)ㄴ/는/(으)ㄹ'.

저는 세종전자에서 보기 일하다 **일하는** 뚜언입니다. 저는 작년에 컴퓨터 신제품을 **(1)** 개발하다 _____ 경험이 있습니다. 지금은 휴대 전화 신제품을 **(2)** 기획하다 _____ 업무를 합니다. 기획이 끝나면 그 제품을 개발할 겁니다. 그리고 텔레비전이나 신문에 **(3)** 홍보하다 _____ 계획입니다.

말해 봅시다 Let's talk

💬 보기 와 같이 말해 보십시오.
Let's talk like the example.

보기

회사에서 **근무한** 경험이 있습니까?

네, 한국건설에서 **근무한** 경험이 있습니다.

우리 회사에서 어떤 업무를 하고 싶습니까?

신제품을 **기획하는** 일을 하고 싶습니다.

| 경험 | 회사에서 근무하다 (한국건설) |
| 하고 싶은 일 | 신제품을 기획하다 |

1.

| 경험 | 회사에서 일하다 (무역 회사) |
| 하고 싶은 일 | 회사 제품을 생산하다 |

_____ 경험이 있습니까?

네, _____.

우리 회사에서 어떤 업무를 하고 싶습니까?

_____.

2.

_____ 경험이 있습니까?

네, _____.

입사하면 어떤 업무를 하고 싶습니까?

_____.

| 경험 | 봉사 활동을 하다 (서울외국인센터) |
| 하고 싶은 일 | 회사를 홍보하다 |

3.

| 경험 | 인턴을 하다 (서울식품) |
| 하고 싶은 일 | 신제품을 개발하다 |

_____ 경험이 있습니까?

네, _____.

입사하면 어떤 업무를 하고 싶습니까?

_____.

1. 자기소개서에 어떤 내용을 쓰면 좋을까요? 모두 ✔표 하고 이야기해 보십시오.

What should you write on your cover letter? Check ✔ and talk about it.

☐ 가족　　　　☐ 경험　　　　☐ 학력　　　　☐ 하고 싶은 일

2. 다음은 티후 후완 씨의 자기소개서입니다. 읽고 질문에 답하십시오.

Here is the cover letter of Tihu Huwan. Read and answer the questions.

> ## 자기소개서
>
> 　저는 한국대학교 한국어과를 졸업했습니다. 4년 동안 한국에서 공부했습니다. 그래서 한국어를 아주 잘합니다. 특히 읽기와 쓰기를 잘합니다. 한국어 업무도 잘할 자신이 있습니다.
> 　저는 적극적입니다. 대학교 4년 동안 봉사 활동을 했고, 아르바이트도 많이 했습니다. 입사하면 회사에서 만든 신제품이나 회사를 홍보하는 업무를 하고 싶습니다. 세종전자에 꼭 필요한 사람이 되고 싶습니다.

(1) 읽은 내용과 같으면 〇, 다르면 ✕ 하십시오.

Put O if the following statement is correct and X if it's wrong.

① 티후 후완 씨는 졸업 전에 세종전자에서 인턴을 했습니다. 　　　 (　　　　)

② 티후 후완 씨는 봉사 활동을 한 경험이 있습니다. 　　　 (　　　　)

(2) 티후 후완 씨에 대해 써 보십시오.

Write about Tihu Huwan.

졸업한 학교	잘하는 것	하고 싶은 업무

3. 관심 있는 회사에 제출할 자기소개서를 써 보십시오.

Write a cover letter to submit to the company you are interested in.

> ## 자기소개서
> _____
> _____
> _____
> _____

문서
document

발표(하다)
presentation

보고(하다)
report

상담(하다)
consult

이해(하다)
understand

작성(하다)
make out

학습목표 Aims of the Lesson
한국어로 회사 면접을 볼 수 있다.
To have a job interview in Korean.

Part 2

한국어를 잘할 수 있습니다

I can speak Korean well.

문법 Grammar

–(으)ㄹ 수 있다/없다

동사 뒤에 붙어서 가능함과 불가능함을 나타낸다.

Attached to a verb to indicate that it is possible or impossible to do it.

- 저는 수영할 수 있어요.
- 저는 한국어 책을 읽을 수 있어요.
- 제 동생은 피아노를 칠 수 없어요.

- **이 사람들은 지금 무엇을 합니까?**
  What do these people do now?

- **여러분도 면접을 봤습니까?**
  Have you ever had an interview?

- **면접에서 무엇을 물어볼까요?**
  What do the interviewers ask at the interview?

1. 다음은 회사에서 하는 일입니다. 보기 와 같이 밑줄에 들어갈 어휘를 찾아 쓰십시오.

The following pictures show company work. Complete the sentences with the words in the box. See the example.

발표하다   ✔ 보고하다   상담하다   작성하다

보기

업무 내용을 _보고합니다_ .

(1)
문서를 _____.

(2)

기획 내용을 _____.

(3)

고객과 _____.

2. 다음을 보고 보기 와 같이 대화를 만들어 보십시오.

Look at the table and make dialogs like the example.

Could you explain…?

영어…?

보기 고객과 영어로 **상담할 수 있습니까**?

아니요. 영어로 상담은 좀 힘듭니다.

	네	아니요
✔ 고객과 영어로 상담하다		✔
(1) 한국어로 보고하다	✔	
(2) 한국어를 잘 듣다		✔
(3) 한국어 문서를 만들다	✔	

💬 말해 봅시다 Let's talk

💬 **보기** 와 같이 말해 보십시오.
Let's talk like the example.

보기

한국어를 잘할 수 있습니까?

네, 한국어를 **잘할 수 있습니다**.

영어도 **잘할 수 있습니까**?

아니요. 영어는 좀 힘듭니다.

⭕ 한국어를 잘하다

❌ 영어도 잘하다

1.

⭕ 한국어를 이해하다

❌ 한국어로 문서도 작성하다

_____?

네, _____.

_____?

아니요, 문서 작성은 좀 힘듭니다.

2.

_____?

네, _____.

_____?

아니요. 한국어 전화 상담은 좀 힘듭니다.

⭕ 한국어로 발표하다

❌ 고객과 한국어로 전화 상담하다

3.

⭕ 한국어로 이메일을 쓰다

❌ 영어로 이메일을 쓰다

_____?

네, _____.

_____?

아니요. 영어로 이메일 작성은 좀 힘듭니다.

1. 여러분은 다음 업무를 할 수 있습니까? 할 수 있는 것에 ✔ 표 하고 이야기해 보십시오.
Which of the following tasks can you do? Check ✔ and talk about it.

- ☐ 한국어로 보고합니다.
- ☐ 한국어를 읽고 이해합니다.
- ☐ 한국어로 문서를 작성합니다.

2. 다음을 듣고 질문에 답하십시오.
Listen and answer the questions.

Track 01

(1) 흐엉 씨는 지금 무엇을 합니까?
What is Huong doing now?

① 입사 면접을 봅니다.
② 신제품을 홍보합니다.
③ 한국 여행 이야기를 합니다.

(2) 들은 내용과 같으면 ○, 다르면 ✕ 하십시오.
Put O if the following statement is correct and X if it's wrong.

① 흐엉 씨는 한국어로 업무를 할 수 있습니다. (   )
② 흐엉 씨는 영어로 문서를 작성할 수 있습니다. (   )

3. 두 사람이 회사 인사 담당자와 구직자가 되어 질문을 쓰고 대답해 보십시오.
As pairwork, take turns playing the role of the personnel manager of the company and a job seeker, and make and answer the questions.

경험한 일	• 인턴: ....?
	• 봉사 활동: ....?
할 수 있는 일	• 외국어: ....?
	• 기타: ....?
하고 싶은 업무	• ....?
	• ....?

 **어휘 및 표현** Vocabulary and Expressions

※ [1~5] 밑줄 친 부분에 알맞은 것을 고르십시오.

[1~5] Choose the appropriate answers and fill in the blanks.

1. 한국대학교에서 한국어 _____을/를 했습니다.

① 인턴 　　　　　　② 지원서 　　　　　　③ 어학연수

2. 취직할 때 외국어 성적을 _____ 합니다.

① 보고해야 　　　　　② 기획해야 　　　　　③ 제출해야

3. A: 아나 씨는 회사에서 요즘 무엇을 합니까?

　　B: _____.

① 자신이 있습니다 　　　② 신제품을 홍보합니다 　　③ 회사 업무가 많습니다

4. A: 흐엉 씨, _____ _____?

　　B: 네. 한국어로 할 겁니다.

① 영어로 상담할 겁니까
② 한국어로 발표할 겁니까
③ 한국어로 생산할 겁니까

5. A: 회사에서 일해 본 경험이 있습니까?

　　B: 네. _____.

① 은행에 입사하면 바쁩니다
② 세종전자에 취직하지 못했습니다
③ 무역 회사에서 1년 동안 근무했습니다

📝 **문법** Grammar

※ [6~9] 밑줄 친 부분에 알맞은 것을 고르십시오.

[6~9] Choose the appropriate answers and fill in the blanks.

6. A: 어떤 회사에 취직하고 싶어요?

B: _____ 무역 회사에 취직하고 싶어요.

① 은행이나   ② 은행으로   ③ 은행에서

7. A: 흐엉 씨는 봉사 활동 경험이 있습니까?

B: 네, 작년에 _____ 했습니다.

① 1년에   ② 1년보다   ③ 1년 동안

8. A: 수지 씨는 어떤 일을 합니까?

B: 저는 요즘 신제품을 _____ 일을 합니다.

① 개발한
② 개발할
③ 개발하는

9. A: 한국어로 문서 작성이 가능합니까?

B: 네, 한국어로 _____.

① 작성했습니다
② 작성할 수 있습니다
③ 작성하지 않을 겁니다

10. 다음을 듣고 알맞은 대답을 고르십시오.
Listen and choose the right answer.

Track 02

　① 한국어를 잘하고 싶습니다.
　② 세종전자에 입사하고 싶습니다.
　③ 회사를 홍보하는 일을 하고 싶습니다.

※ [11~12] 다음을 듣고 질문에 답하십시오.
[11~12] Listen and answer the questions.

Track 03

11. 남자가 지금 대화하는 이유를 고르십시오.
What does the man want to do?

　① 학교에 입학하려고
　② 회사에 취직하려고
　③ 아르바이트를 하려고

12. 들은 내용과 같은 것을 고르십시오.
What is true?

　① 장핑 씨는 여행사에서 일한 경험이 있습니다.
　② 장핑 씨는 한국어로 문서를 작성할 수 없습니다.
　③ 장핑 씨는 한국에서 1년 동안 어학연수를 했습니다.

📖 **읽기**　　Reading

13. 다음을 잘 읽고 내용과 <u>다른</u> 것을 고르십시오.

Read carefully. What is false?

성명 (국적)	박종수 (대한민국)
생년월일	1997. 10. 03.
학력	2015. 03. ~ 2019. 02. 대한대학교 한국어과
경력	2019. 03. ~ 2019. 08. 세종은행 인턴 (6개월)

① 이 사람의 이름은 박종수입니다.

② 이 사람은 지금 세종은행에 다닙니다.

③ 이 사람은 대학교에서 한국어를 공부했습니다.

※ [14~15] 다음을 읽고 물음에 답하십시오.

[14~15] Read the following and answer the questions.

> ### 자기소개서
>
> 　저는 베이징대학교 한국어과를 졸업한 왕카이입니다. 대학교에 다닐 때 2년 동안 한국에서 공부해서 한국어를 잘합니다. (㉠) 특히 말하기를 잘합니다. 한국어로 발표나 고객 상담을 잘할 자신이 있습니다.
>
> 　저는 적극적인 사람입니다. 한국에 있을 때 박물관과 미술관에서 봉사 활동을 했고 졸업한 후에는 한국전자에서 인턴도 했습니다. (㉡) 특히 한국전자에서는 컴퓨터 개발 업무를 했습니다. (㉢) 세종전자에 꼭 필요한 사람이 되고 싶습니다.

14. 다음 문장이 들어갈 곳을 고르십시오.

Choose where to put this sentence.

> 그래서 세종전자에 입사하면 신제품 개발 업무를 해 보고 싶습니다.

① ㉠　　　　　　　② ㉡　　　　　　　③ ㉢

15. 이 글의 내용과 같은 것을 고르십시오.

What is true?

① 왕카이 씨는 한국어로 상담할 수 있습니다.

② 왕카이 씨는 한국에서 4년 동안 공부했습니다.

③ 왕카이 씨는 대학교에 다닐 때 인턴을 했습니다.

03 부서와 직급
Department and Position

학습목표 Aims of the Lesson
부서에서 하는 일을 설명할 수 있다.
To explain what the department does.

Part 1

다음 주에 신제품이 나오기 때문에 일이 많습니다

There's a lot of work to do because new products are going to be released next week.

- 이 사람의 이름은 무엇입니까? 어느 회사에 다닙니까?

What is this person's name? What company does this person work for?

부서
department

연구개발팀
research & development team

영업팀
sales team

인사팀
human resources team

총무팀
general affairs team

홍보팀
public relations team

문법 Grammar

–기 때문에

동사나 형용사 뒤에 붙어서 이유를 나타낸다.

Attached to a verb or an adjective to indicate a reason.

- 사람들과 같이 일하기 때문에 힘들지 않습니다.
- 공부를 열심히 했기 때문에 시험 성적이 좋습니다.
- 저는 베트남 사람이기 때문에 한국말을 잘 못합니다.

1. 다음은 회사의 부서입니다. 보기 와 같이 밑줄에 들어갈 어휘를 찾아 쓰십시오.

The following is departments of the company. Complete the sentences with the words in the box. See the example.

> ✔ 총무팀 　　　 홍보팀 　　　 인사팀 　　　 영업팀

사장

보기 총무팀	(1) _____	(2) _____	(3) _____	연구개발팀
사원들에게 월급을 보냅니다.	사원들을 교육합니다.	회사 제품을 팝니다.	회사를 홍보합니다.	제품을 개발합니다.

2. 다음에서 알맞은 것을 골라 보기 와 같이 대화를 만들어 보십시오.

Choose assigned task and the team from each box and make dialogs as shown in the example.

보기 요즘 우리 회사에서 어느 부서가 가장 바빠요?

　　　 광고를 기획하**기 때문에** 홍보팀이 바빠요.

하는 일
✔ 광고를 기획하다
사원을 교육하다
신제품이 나오다
신제품을 개발하다

팀
연구개발팀
인사팀
영업팀
✔ 홍보팀

💬 다음을 연결하고 보기 와 같이 말해 보십시오.
Connect the sentences and try to talk like the example.

사실	이유
✔ 홍보팀 아나 대리가 일이 많다	• 사원 교육이 있다
1. 뚜언 과장이 총무팀에 전화를 했다	• 신제품을 기획하다
2. 인사팀 흐엉 씨가 바쁘다	• 새 텔레비전을 홍보하다
3. 연구개발팀이 회의를 많이 하다	• 월급이 아직 안 나왔다

보기

요즘 홍보팀 아나 대리가 일이 많아요?

네, 많아요.

무슨 일이 있어요?

새 텔레비전을 홍보하**기 때문에** 일이 많아요.

1. _____?

네, _____.

무슨 일이 있어요?

_____.

2. 요즘 _____?

네, _____.

무슨 일이 있어요?

_____.

3. 요즘 _____?

네, _____.

무슨 일이 있어요?

_____.

1. 여러분은 어느 부서에서 일하고 싶습니까? ✔표 하고 이야기해 보십시오.
Which department do you want to work in? Check ✔ and talk about it.

☐ 인사팀　　　☐ 홍보팀　　　☐ 영업팀　　　☐ 총무팀

2. 다음은 각 부서의 업무를 소개한 글입니다. 읽고 질문에 답하십시오.
The following is an introduction to the work of each department. Read and answer the questions.

> 우리 회사에는 인사팀, 영업팀, 연구개발팀, 홍보팀이 있습니다. 먼저 인사팀은 사원을 교육하는 부서입니다. 교육에 관심이 있는 사람이 일하면 좋습니다. 연구개발팀에서는 제품을 개발합니다. 그리고 영업팀에서는 회사에서 만든 제품을 좋은 가격에 팝니다. 홍보팀에서는 신제품이 나오면 텔레비전이나 신문 광고를 합니다.

(1) 각 부서와 그 업무를 연결해 보십시오.
Connect each department with its work.

① 인사팀　·　　　·　제품을 팝니다.
② 영업팀　·　　　·　사원을 교육합니다.
③ 홍보팀　·　　　·　제품을 홍보합니다.

(2) 읽은 내용과 같으면 O, 다르면 X 하십시오.
Put O if the following statement is correct and X if it's wrong.
① 교육에 관심이 있는 사람은 영업팀에서 일하면 좋습니다.　　(　)
② 인사팀에서 일하는 사람은 제품을 개발합니다.　　(　)

3. 여러분이 일하고 싶은 부서의 업무를 소개해 보십시오.
Introduce the work in the department you want to work with.

부서	업무 내용
예 연구개발팀	신제품을 개발합니다.

학습목표 Aims of the Lesson

회사의 직급을 소개할 수 있다.
To introduce the positions of the company.

Part 2
일이 재미있는 편입니다
The work is rather interesting.

김민석 씨?
김민석 사장님?

- **회사에서 제일 높은 사람은 누구입니까?**
그 사람을 어떻게 부릅니까?
Who is the highest position in the company? What do you call that person?

어휘 및 표현 Vocabulary and Expressions

직급
position

주임
the person in charge

대리
assistant manager

과장
manager

차장
deputy department head

부장
department head

문법 Grammar

-(으)ㄴ/는 편이다

동사나 형용사, '명사+이다' 뒤에 붙어서 그러한 경향이 있음을 나타낸다.

Attached to a verb, adjective, or 'noun + 이다' to indicate that there is some tendency toward.

- 제 동생은 키가 큰 편이에요.
- 흐엉 씨는 요즘 회사 일이 많은 편이에요.
- 민수 씨는 밥을 많이 먹는 편이에요.

1. 다음은 회사의 직급입니다. 보기 와 같이 밑줄에 들어갈 어휘를 찾아 쓰십시오.

The following is the positions of the company. Fill in the blanks with the words in the box. See the example.

| 차장 | 과장 | ✔주임 | 부장 |

사원 ⇒ 보기 주임 ⇒ 대리 ⇒ (1)

⇒ (2) ⇒ (3) ⇒ 사장

2. 다음은 세종전자 연구개발팀을 소개한 글입니다. '-(으)ㄴ/는 편이다'를 사용해서 글을 완성해 보십시오.

The following is an introduction to the R&D Team of Sejong Electronics. Complete the passages using '-(으)ㄴ/는 편이다'.

　　저는 세종전자 연구개발팀에서 일합니다. 우리 회사 연구개발팀이 만든 제품은 인기가 보기 많다 **많은 편입니다**. 그래서 연구개발팀 사람들은 항상 (1) 바쁘다 ＿＿＿＿＿＿＿. 특히 박미정 과장님은 결재할 서류가 많아서 일이 많습니다. 그렇지만 박미정 과장님은 항상 열심히 (2) 일하다 ＿＿＿＿＿＿＿. 그리고 연구개발팀은 분위기가 (3) 좋다 ＿＿＿＿＿＿＿. 그래서 일은 많지만 회사 생활이 재미있습니다.

결재(하다) approval　　서류 document

💬 다음을 연결하고 보기 와 같이 말해 보십시오.
Connect the sentences and try to talk like the example.

사실	이유
✔ 연구개발팀이 바쁘다	•·········• 신제품을 개발하다
1. 홍보팀 아나 주임이 광고 회사 사람을 자주 만나다 •	• 텔레비전 광고를 만들다
2. 영업팀 일이 많다 •	• 다음 주에 사원들을 교육해야 하다
3. 인사팀 흐엉 씨가 스트레스를 많이 받다 •	• 요즘 팔아야 할 제품이 많다

보기

요즘 연구개발팀이 바빠요?

네, **바쁜 편이에요.**

왜요?

신제품을 개발해서요.

1. 요즘 _____?

　　네, _____.

왜요?

_____.

2. 요즘 _____?

　　네, _____.

왜요?

_____.

3. 요즘 _____?

　　네, _____.

왜요?

_____.

1. 이 사람은 어느 나라 사람일까요? 취미는 무엇일까요?

What countries are these people from? What are their hobbies?

2. 다음은 흐엉 씨가 회사 사람들을 소개한 글입니다. 읽고 질문에 답하십시오.

The following is an introduction to co-workers of the company written by Ana. Read and answer the questions.

> 저는 세종전자 홍보팀에서 일하는 아나입니다. 멕시코 사람입니다. 세종학당에서 한국어를 배웁니다. 지금부터 우리 회사 사람들을 소개하고 싶습니다.
>
> 흐엉 씨는 베트남 사람입니다. 한국어도 잘하고 영어도 잘해서 거래처 사람들과 자주 만납니다. 리야 대리님은 인도에서 왔습니다. 맛있는 음식을 좋아하고 요리도 아주 잘합니다. 우리 회사 요리사입니다. 자오웨이 차장님은 중국에서 왔습니다. 운동을 좋아합니다. 재미있고 친절한 편입니다. 그래서 사람들에게 인기가 많습니다.
>
> 우리 회사 사람들은 일도 열심히 하고 잘 도와줍니다. 좋은 사람들이 있어서 회사 생활이 재미있습니다.

(1) 아나 씨는 누구를 소개합니까?

Who are Ana introducing?

① 회사 사람들   ② 반 친구들   ③ 고향 사람들

(2) 읽은 내용과 같으면 ◯, 다르면 ✕ 하십시오.

Put O if the following statement is correct and X if it's wrong.

① 리야 대리는 요리를 잘합니다.   (   )

② 자오웨이 차장은 인기가 없습니다.   (   )

3. 우리 회사 사람들에 대해서 메모하고 소개하는 글을 써 보십시오.

Write down notes and introduction about the people in your company.

회사 사람들	국적	취미
박승민	한국	축구

04 인사
Greetings

학습목표 Aims of the Lesson
새 직장에서 자기소개와 함께 첫인사를 할 수 있다.
To say hello and introduce yourself on the first day of your new job.

Part 1

꼭 필요한 사원이 됐으면 좋겠습니다
We want you to be indispensable for our company.

- **여러분은 자신을 어떻게 소개합니까?** 듣고 맞는 것에 ✔표 하십시오.
  How do you introduce yourself? Listen and mark ✔ what is right.

Track 04

- ☐ 장핑 씨는 이번에 입사했습니다.
- ☐ 장핑 씨는 지금 회의를 합니다.

어휘 및 표현 Vocabulary and Expressions

신입 사원
new employee

맡다
take on

최선을 다하다
do the best

많이 도와주십시오
Please help me a lot.

열심히 하겠습니다
I will work hard.

잘 부탁드립니다
I will appreciate your help.

문법 Grammar

–았/었으면 좋겠다

동사나 형용사 뒤에 붙어서 희망이나 바람의 의미를 나타낸다.

Attached to a verb or adjective to indicate hope or desire.

- 같이 일했으면 좋겠어요.
- 내년에 한국에 갔으면 좋겠어요.
- 제가 만든 음식이 맛있었으면 좋겠어요.

1. 다음은 회사에 첫 출근해서 하는 인사입니다. 보기 와 같이 밑줄에 들어갈 표현을 찾아 쓰십시오.
The followings are the first greetings on the first day of the new job. Complete the sentences with the expressions in the box. See the example.

✓ 잘 부탁드립니다	많이 도와주십시오
열심히 하겠습니다	최선을 다하겠습니다

보기 _잘 부탁드립니다_.

(1) 맡은 일에 _____.

(3) _____.

(2) 선배님들이
_____.

2. 다음을 보고 보기 와 같이 대화를 만들어 보십시오.
Make dialogs. See the example below.

보기 안녕하세요? 신입 사원 흐엉입니다.
<u>열심히 하겠습니다</u>.
반갑습니다.
<u>우리 회사에 꼭 필요한 사원이 **됐으면 좋겠습니다**</u>.

✓	열심히 하겠습니다	우리 회사에 꼭 필요한 사원이 되다
(1)	잘 부탁드립니다	업무를 잘 배우다
(2)	많이 도와주십시오	우리 부서에 도움이 되다
(3)	최선을 다하겠습니다	선배들과 즐겁게 지내다

말해 봅시다 Let's talk

보기 와 같이 말해 보십시오.
Let's talk like the example.

보기

여러분, 이번에 입사한 흐엉 씨입니다.

안녕하세요? 신입 사원 흐엉입니다.

환영합니다. 우리와 같이
즐겁게 **일했으면 좋겠습니다.**

감사합니다. 열심히 하겠습니다.

상사
우리와 같이 즐겁게 일하다

신입 사원
열심히 하겠습니다

1.

여러분, 이번에 입사한 흐엉 씨입니다.

상사
선배들한테 일을 잘 배우다

안녕하세요? 신입 사원 흐엉입니다.

신입 사원
많이 도와주십시오

환영합니다. _____.

감사합니다. _____.

---

2. 여러분, 이번에 입사한 흐엉 씨입니다.

안녕하세요? 신입 사원 흐엉입니다.

상사
부서 사람들과 잘 지내다

환영합니다. _____.

신입 사원
잘 부탁드립니다

감사합니다. _____.

3.

여러분, 이번에 입사한 흐엉 씨입니다.

상사
맡은 일을 잘하는 사원이 되다

안녕하세요? 신입 사원 흐엉입니다.

신입 사원
최선을 다하겠습니다

환영합니다. _____.

감사합니다. _____.

즐겁게 pleasantly   환영(하다) welcome

1. 회사에 첫 출근 했을 때 어떻게 인사하면 좋을까요?
How should you greet on your first day at work?

2. 다음을 듣고 질문에 답하십시오.
Listen and answer the questions.

Track 05

(1) 후완 씨는 어느 부서에서 일합니까?
What department does Huwan work in?

① 영업팀　　　　　　② 홍보팀　　　　　　③ 인사팀

(2) 들은 내용과 같으면 〇, 다르면 ✕ 하십시오.
Put O if the following statement is correct and X if it's wrong.

① 후완 씨는 한국 회사에서 일한 경력이 있습니다.　　　(　　　)
② 후완 씨는 한국어를 전공했습니다.　　　(　　　)

3. 회사에 첫 출근해서 하는 인사를 친구들 앞에서 해 보십시오.
Try to say hello on the first day of the new job in front of your friends.

보기

　　안녕하십니까? 신입 사원 장핑입니다. 제가 일하고 싶은 회사에 입사해서 정말 기쁩니다. 저는 한국 회사에 다니고 싶어서 열심히 한국어를 배웠습니다. 저는 총무팀에서 일하고 싶었습니다. 선배님들한테 열심히 배워서 우리 총무팀에 꼭 필요한 사원이 됐으면 좋겠습니다. 제가 맡은 업무에 최선을 다하겠습니다. 잘 부탁드립니다.

학습목표 Aims of the Lesson

비즈니스 상황에서 만나고 헤어질 때
적절한 표현으로 인사할 수 있다.

To properly say hello and say goodbye in the
business situation.

Part 2

도와주신 덕분에 일이 잘 끝났습니다

Thanks to your help, I have done a great job.

세종전자
이민수

어휘 및 표현 Vocabulary and Expressions

명함
business card

악수(하다)
shake hands

만나서 반갑습니다
Nice to meet you.

말씀 많이 들었습니다
I've heard so much about you.

또 연락드리겠습니다
I will be in touch soon.

다음에 뵙겠습니다
See you next time.

문법 Grammar

-(으)ㄴ 덕분에

동사 뒤에 붙어서 감사하는 이유나
좋은 일이 생긴 이유를 나타낸다.

Attached to a verb to indicate the
reason for appreciation or why
something good happened.

- 친구가 도와준 덕분에 일이 빨리
  끝났어요.
- 선생님이 잘 가르쳐 주신 덕분에
  시험을 잘 봤어요.
- 친구와 면접 준비를 한 덕분에
  면접을 잘 봤습니다.

- 이 사람들이 무슨 말을 하고 있을까요?
  알맞은 표현에 모두 ✔표 하십시오.
  What are these people saying? Mark ✔ all of the appropriate expressions.

  ☐ 반갑습니다.   ☐ 잠깐만 기다리십시오.

  ☐ 오랜만입니다.   ☐ 그동안 잘 지내셨습니까?

  ☐ 세종전자에서 일하는 이민수입니다.

1. 다음은 회사 일로 만나고 헤어질 때 하는 인사입니다. 보기 와 같이 밑줄에 들어갈 표현을 찾아 쓰십시오.

The followings are greeting expressions in the business situation. Complete the sentences with the expressions in the box. See the example.

> ✔ 만나서 반갑습니다   다음에 뵙겠습니다
>
> 또 연락드리겠습니다   말씀 많이 들었습니다

만날 때
안녕하세요? 안녕하십니까?
뵙고 싶었습니다.

보기 _____만나서 반갑습니다_____ .

(1) _____ .

헤어질 때
안녕히 가세요. 안녕히 가십시오.
만나서 반가웠습니다.
도움이 많이 됐습니다.

(2) _____ .

(3) _____ .

2. 다음을 보고 보기 와 같이 대화를 만들어 보십시오.

Make dialogs. See the example below.

보기 안녕하세요? 세종전자 영업팀 부장 박지원입니다.

 아, <u>안녕하세요?</u> 일은 잘 끝나셨어요?

 네, <u>도와주신 덕분에</u> 잘 끝났습니다.

✔ 안녕하세요?	도와주시다
(1) 만나서 반갑습니다	홍보가 잘 되다
(2) 뵙고 싶었습니다	모두들 열심히 준비하다
(3) 말씀 많이 들었습니다	걱정해 주시다

헤어지다 say bye   뵙다 humbly meet

💬 말해 봅시다 Let's talk

💬 보기 와 같이 말해 보십시오.
Let's talk like the example.

이유	인사
✔ 전화해 주시다	✔ 앞으로도 잘 부탁드립니다.
1. 디자인을 바꾸시다	또 연락드리겠습니다.
2. 광고를 잘 만드시다	우리 회사에도 도움이 많이 됐습니다.
3. 좋은 분들을 소개해 주시다	또 뵙겠습니다.

보기

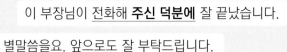 

일이 잘 끝나서 다행입니다.

이 부장님이 전화해 **주신 덕분에** 잘 끝났습니다.

별말씀을요. 앞으로도 잘 부탁드립니다.

네. 다음에 뵙겠습니다.

1. 일이 잘 끝나서 다행입니다.

이 부장님이 ＿＿＿＿＿＿＿＿＿＿＿＿＿ 잘 끝났습니다.

별말씀을요. ＿＿＿＿＿＿＿＿＿＿＿＿＿.

네. 다음에 뵙겠습니다.

2. 일이 잘 끝나서 다행입니다.

이 부장님이 ＿＿＿＿＿＿＿＿＿＿＿＿＿ 잘 끝났습니다.

별말씀을요. ＿＿＿＿＿＿＿＿＿＿＿＿＿.

네. 다음에 뵙겠습니다.

3. 일이 잘 끝나서 다행입니다.

이 부장님이 ＿＿＿＿＿＿＿＿＿＿＿＿＿ 잘 끝났습니다.

별말씀을요. ＿＿＿＿＿＿＿＿＿＿＿＿＿.

네. 다음에 뵙겠습니다.

별말씀을요 Don't mention it.　　디자인 design

1. 여러분 나라에서는 회사 일로 처음 만난 사람과 어떻게 인사합니까?
How do you greet someone you first meet with a business contact in your country?

2. 다음의 명함과 같이 자신의 명함을 만들어 보십시오.
Make your own business card like the following business card.

3. 2번에서 만든 명함을 가지고 배운 표현을 사용해서 친구와 인사를 해 보십시오.
Say hello to your friend with the business card you have made above. Use the expressions you have learned.

> **Tip**
>
> **명함을 주고 받을 때** When you exchange business cards
>
> 직장생활에서 처음 만나는 사람과 인사할 때 자기소개와 함께 명함을 주고받습니다. 이때 자기를 먼저 소개하는 사람이 두 손으로 명함을 줍니다. 명함을 받는 사람은 두 손으로 명함을 받습니다. 만난 분이 먼저 명함을 주면 그것을 받은 다음에 자기의 명함을 주어야 합니다. 명함이 없으면 "죄송합니다. 지금 명함이 없는데요."라고 말하는 것이 좋습니다.
>
> When you greet someone you meet for the first time in your work life, you exchange business cards with your introduction. At this time, the person who introduces himself(herself) first gives the business card with both hands. The person receiving the business card receives the business card with both hands. If he(she) gives you a business card first, you should receive it and then give your own business card. If you don't have a business card, you may say, "Sorry, I don't have a business card."

📖 어휘 및 표현 Vocabulary and Expressions

※ [1~5] 밑줄 친 부분에 알맞은 것을 고르십시오.
[1~5] Choose the appropriate answers and fill in the blanks.

1. 연구개발팀에서 신제품을 _____.

① 입사합니다　　　　　② 개발합니다　　　　　③ 홍보합니다

2. 며칠 전에 산 책이 이번 일에 큰 _____.

① 도움이 됐습니다
② 최선을 다했습니다
③ 부탁을 드렸습니다

3. A: 이민수 대리를 잘 알아요?
　　B: 네. 대학교 _____입니다. 대학교에 다닐 때 저를 많이 도와줬습니다.

① 고객　　　　　② 선배　　　　　③ 인턴

4. A: 왕카이 씨, 영업팀에 잘 왔습니다. 우리 즐겁게 일해요.
　　B: 네, 감사합니다. _____.

① 잠깐만 기다리세요
② 열심히 하겠습니다
③ 또 연락드리겠습니다

5. A: 안녕하세요? 서울광고 강미나입니다.
　　B: _____. 세종전자 흐엉입니다.

① 별 말씀을요
② 답변 부탁드립니다
③ 말씀 많이 들었습니다

📝 문법 Grammar

※ [6~9] 밑줄 친 부분에 알맞은 것을 고르십시오.
[6~9] Choose the appropriate answers and fill in the blanks.

6. A: 신입 사원 왕카이 씨를 소개합니다.

   B: 안녕하세요? 왕카이입니다. 영업팀에 꼭 필요한 사원이 _____.

   ① 되었습니다   ② 되지 마세요   ③ 됐으면 좋겠습니다

7. A: 김 과장님, 회의는 잘 끝났습니까?

   B: 네, _____ 잘 끝났습니다.

   ① 도와주시면
   ② 도와주신 덕분에
   ③ 도와줄 수 있지만

8. A: 흐엉 씨, 요즘 회사 생활은 어때요?

   B: _____.

   ① 재미있었어요
   ② 재미있을 거예요
   ③ 재미있는 편이에요

9. A: 우리 회사에서 요즘 어느 부서가 가장 바빠요?

   B: 다음 주부터 _____ 인사팀이 아주 바빠요.

   ① 신입 사원을 뽑았지만
   ② 신입 사원을 뽑은 후에
   ③ 신입 사원을 뽑기 때문에

10. 다음을 듣고 알맞은 대답을 고르십시오.
Listen and choose the right answer.

Track 06

① 회사에서 일해요.
② 홍보팀에서 일해요.
③ 홍보팀에서 일할 수 있어요.

※ [11~12] 다음을 듣고 질문에 답하십시오.
[11~12] Listen and answer the questions.

Track 07

11. 왕카이 씨가 무엇을 하고 있는지 고르십시오.
Choose what Wang Kai is doing.

① 가족 소개
② 자기 소개
③ 부서 사람 소개

12. 왕카이 씨에 대해서 들은 내용과 같은 것을 고르십시오.
Choose the same thing you heard about Wang Kai.

① 작년에 입사했습니다.
② 대학교에서 중국어를 전공했습니다.
③ 입사해서 사람들을 많이 만나고 싶습니다.

읽기　Reading

13. 다음을 잘 읽고 내용과 <u>다른</u> 것을 고르십시오.
Read carefully. What is false?

① 최영석 씨는 제품을 개발합니다.
② 최영석 씨는 무역회사에 다닙니다.
③ 최영석 씨의 회사는 한국에 있습니다.

※ [14~15] 다음을 읽고 물음에 답하십시오.
[14~15] Read carefully and answer the questions.

> 　저는 '세종은행'에서 일합니다. 우리 회사에는 좋은 사람이 많습니다. 멕시코에서 온 산체스 씨는 친절해서 회사 사람들에게 인기가 많습니다. 그리고 요즘 세종학당에서 한국어를 배웁니다. (　㉠　) 한국어를 잘하는 편입니다. 정은지 주임님은 한국 사람입니다. 일이 많아서 늦게까지 일하는 편입니다. 그렇지만 항상 즐겁게 일합니다. 회사에 좋은 사람들이 많아서 회사 생활이 재미있습니다.

14. ㉠에 들어갈 알맞은 말을 고르십시오.
Choose the appropriate word to go in the blank ㉠.

① 그런데
② 그리고
③ 그래서

15. 이 글의 내용과 같은 것을 고르십시오.
What is true?

① 정은지 주임은 매일 집에 일찍 갑니다.
② 산체스 씨는 요즘 베트남어를 공부하고 있습니다.
③ 산체스 씨는 친절하기 때문에 사람들이 좋아합니다.

05

회사 생활

Office Life

학습목표 Aims of the Lesson

회사원의 하루 일과를 설명할 수 있다.
To explain the daily routine of the office worker.

어휘 및 표현 Vocabulary and Expressions

일정
schedule

휴게실
lounge

야근(하다)
work overtime at night

지각(하다)
be late for work

출근(하다)
go to work

퇴근(하다)
leave work

Part 1

오늘 퇴근하기 전에 제출하세요

Submit before you leave work today.

-기 전에

동사 뒤에 붙으며 뒤에 오는 행위나 상태가 앞에 오는 행위보다 시간상으로 앞서는 것을 나타낸다.

Attached to a verb to indicate that the following action or state precedes the preceding action in time.

- 밥을 먹기 **전에** 손을 씻어요.
- 친구를 만나기 **전에** 전화했어요.
- 수영하기 **전에** 준비 운동을 해야 돼요.

• 위 일정표를 읽고 맞는 것에 ✔표 하십시오.

Read the schedule above and mark ✔ the correct one.

☐ 9시 30분부터 회의를 합니다.

☐ 오늘 점심 약속이 있습니다.

1. 다음은 회사원의 하루 일과입니다. 보기 와 같이 밑줄에 들어갈 어휘를 찾아 쓰십시오.

The following is a daily routine of an office worker. Complete the sentences with the words in the box. See the example.

| 야근하다 | 지각하다 | ✔출근하다 | 퇴근하다 |

보기

저는 어제 8시에 <u>출근했습니다</u>.

(1)

그렇지만 오늘은 늦게 일어나서
회사에 _____.

(2)

오늘은 일이 많아서 _____.

(3)

일이 모두 끝나고 9시에 _____.

2. 다음을 보고 보기 와 같이 대화를 만들어 보십시오.

Make dialogs. See the example below.

회의하기 전에 뭘?

회의실 예약

보기 과장님, <u>회의하기 전에</u> 뭘 해야 할까요?

<u>회의실 예약</u> 좀 확인해 주세요.

✔ 회의하다	회의실 예약
(1) 퇴근하다	내일 일정
(2) 홍보팀을 만나다	약속 시간
(3) 거래처에 전화하다	이메일 내용

💬 보기 와 같이 말해 보십시오.
Let's talk like the example.

보기

흐엉 씨, 지금 바빠요?

네. 회의하**기 전에** 음료수를 준비해야 해요.

미안하지만 음료수를 준비하**기 전에** 회의실을 예약해 주세요.

네, 알겠습니다.

회의하기 전

✔ 음료수 준비
✔ 회의실 예약

1.

퇴근하기 전

✔ 보고서 작성
✔ 이메일 확인

흐엉 씨, 지금 바빠요?

네. _____에
_____.

미안하지만 _____
_____.

네, 알겠습니다.

2. 흐엉 씨, 지금 바빠요?

네. _____에
_____.

미안하지만 _____
_____.

홍보팀과 점심 먹기 전

✔ 식당 예약
✔ 인원 확인

네, 알겠습니다.

3. 흐엉 씨, 지금 바빠요?

거래처에 전화하기 전

✔ 이메일 작성
✔ 전화번호 확인

네. _____에
_____.

미안하지만 _____
_____.

네, 알겠습니다.

1. 여러분 나라의 회사 생활은 어떻습니까? 보통 하루에 몇 시간 일합니까?
How is the office life in your country? How many hours do they usually work per day?

2. 다음은 흐엉 씨의 하루입니다. 듣고 질문에 답하십시오.
Here is Ms. Huong's day. Listen and answer the questions.

Track 08

(1) 밑줄 친 곳에 들은 것을 쓰십시오.
Fill in the blanks.

5월 14일 (수)

시간		할 일
오전	8:00	출근
	9:30	회의 준비: ① _____ 예약, 음료수 준비
	② _____	회의
오후	12:00	③ _____ (이민수 대리님)
	3:00~	보고서 작성
	5:00	④ _____

(2) 들은 내용과 같으면 O, 다르면 X 하십시오.
Put O if the following statement is correct and X if it's wrong.

① 흐엉 씨는 보통 회사에 가기 전에 커피를 마십니다.　　　　　　(　　　)
② 흐엉 씨는 퇴근한 후에 서점에서 한국어 책을 샀습니다.　　　　(　　　)

3. 여러분의 하루 일정을 쓴 후에 친구들에게 말해 보십시오.
Write your daily schedule and tell your friends.

_____월 _____일

시간		할 일

어휘 및 표현 Vocabulary and Expressions

동호회
society

야유회
picnic

창립기념일 행사
foundation day event

회식
company dinner

가입(하다)
join

참석(하다)
attend

학습목표 Aims of the Lesson
회사의 모임과 행사를 소개할 수 있다.
To introduce company meetings and events.

Part 2

회식을 했는데 재미있었어요

I had a company dinner and it was fun.

문법 Grammar

-(으)ㄴ/는데

동사나 형용사 뒤에 붙어서 뒤에 이어서 말할 내용의 배경이나 상황을 나타낸다.

Attached to a verb or adjective to indicate the background or situation of what is going to be said.

- 보통 회식은 퇴근 후에 하는데 8시쯤 끝나요.
- 이 사람은 제 동생인데 일본 회사에서 일해요.
- 어제 김밥을 만들었는데 정말 맛있었어요.

- **무슨 모임입니까?**
  듣고 맞는 것에 ✔표 하십시오.
  What meeting is it? Listen and mark ✔ the correct answer.

Track 09

  ☐ 매주 모입니다.

  ☐ 요리를 배웁니다.

  ☐ 몸이 아픈 사람들을 도와줍니다.

1. 다음은 회사의 모임과 행사 모습입니다. 보기 와 같이 밑줄에 들어갈 어휘를 다음에서 찾아 쓰십시오.

The followings are the company's meetings and events. Complete the sentences with the words in the box. See the example.

> 회식 　　　　동호회 　　　✔야유회 　　　　창립기념일 행사

보기

지난번 회사 __야유회__ 는 경치가 좋은 남이섬에서 했습니다.

(1)

회사 축구 _____에 가입하고 싶으면 신청하세요.

(2)

내일은 _____이/가 있습니다. 오전 10시까지 모이세요.

(3)

이번 _____은/는 오후 6시에 회사 근처 식당에서 있습니다. 꼭 참석하세요.

2. 다음을 보고 보기 와 같이 대화를 만들어 보십시오.

Make dialogs. See the example below.

보기 저는 <u>야유회</u>에 처음 참석해요.

아, 그래요? <u>**지난번에 갔는데**</u> 정말 재미있었어요.

✔ 야유회	지난번에 갔다	정말 재미있었다
(1) 회식	퇴근 후에 같이 저녁을 먹다	선배님들과 이야기를 많이 할 수 있다
(2) 동호회 모임	한 달에 두 번 모이다	스트레스를 풀 수 있다
(3) 창립기념일 행사	오전 10시에 시작하다	행사도 하고 기념품도 주다

기념품 souvenir 　　스트레스를 풀다 relieve stress

💬 보기 와 같이 말해 보십시오.
Let's talk like the example.

보기

창립기념일 행사가 언제지요?

4월 8일**인데** 그 전에 우리가 할 일이 있어요.

뭔데요?

기념품도 준비하고 홍보 내용도 확인해야 해요.

창립기념일 행사

• 4월 8일
• 기념품 준비
• 홍보 내용 확인

1.

_____ 이/가 언제지요?

_____ 그 전에 우리가 할 일이 있어요.

뭔데요?

_____.

회사 야유회

• 9월 24일
• 장소 예약
• 기념품 준비

2. _____ 이/가 언제지요?

_____ 그 전에 우리가 할 일이 있어요.

뭔데요?

 _____.

우리 부서 회식

• 다음 주 금요일
• 참석 인원 확인
• 식당 예약

3. _____ 이/가 언제지요?

_____ 그 전에 우리가 할 일이 있어요.

뭔데요?

동호회 모임

• 이번 주 토요일
• 회원들에게 연락
• 음료수 준비

_____.

1. 회사에는 무슨 동호회가 있습니까? 여러분이 가입하고 싶은 동호회는 무엇입니까? ✔ 표 하십시오.

What societies are there in your company? What society do you want to join? Mark ✔ it.

☐ 노래　　　　☐ 축구　　　　☐ 봉사 활동　　　　☐ 기타 _____

2. 다음을 읽고 질문에 답하십시오.
Read and answer the questions.

자전거 동호회에 가입하세요!

- 한 달에 한 번 모이는데 보통 마지막 주 토요일에 만납니다.
- 공기 좋은 곳에 가서 자전거를 타고 맛있는 식당에서 회식을 합니다.
- 회비는 한 달에 5만 원입니다.
- 가입 신청은 회사 홈페이지에서 하세요.

(1) 이 동호회에 가입하고 싶으면 어떻게 신청합니까?
How do you apply if you want to join this society?

_____

(2) 읽은 내용과 같으면 O, 다르면 X 하십시오.
Put O if the following statement is correct and X if it's wrong.

① 동호회 회원들은 매주 모여서 자전거를 탑니다.　　　　(　　　)
② 동호회에서는 자전거도 타고 음식도 같이 먹습니다.　　　　(　　　)

3. 여러분이 좋아하는 동호회의 회원 모집 광고를 쓰십시오.
Prepare a recruitment ad for your favorite society.

_____ 동호회에 가입하세요!

- 언제 모입니까?
- 무엇을 합니까?
- 회비는 얼마입니까?
- 가입 신청은 어떻게 합니까?

06

일상생활
Daily Life

학습목표 Aims of the Lesson
동료와 퇴근 후 일에 대해서 이야기할 수 있다.
To talk about some plans after work with colleagues.

Part 1

오랜만에 친구들을 만나서 좋겠어요
You will be happy to see your friends after a long time.

- 여러분은 회사에서 퇴근한 후에 보통 뭘 해요?
  What do you usually do after you leave work?

- 아나 씨와 인드라 씨는 퇴근한 후에 무엇을 할까요?
  What will Ana and Indra do after work?

📖 **어휘 및 표현** Vocabulary and Expressions

기다리다
wait

기뻐하다
be pleased

섭섭하다
be disappointed

싫어하다
dislike

기대가 되다
look forward to

짜증이 나다
be annoyed

📝 **문법** Grammar

-겠-

동사나 형용사 뒤에 붙어서 말할 때 상황이나 상태를 보고 추측함을 나타낸다.

Attached to a verb or adjective to indicate a guess from what others have said.

- 선물을 받아서 기분이 좋았겠어요.
- 요즘 회사 일이 많아서 힘들겠어요.
- 부모님을 자주 못 만나서 보고 싶겠어요.

1. 다음은 감정 관련 어휘입니다. 보기 와 같이 밑줄에 들어갈 어휘를 찾아 쓰십시오.
The followings are emotional words. Complete the sentences with the words in the box. See the example.

기뻐하다	싫어하다	✔ 기대가 되다	짜증이 나다

보기

다음 주에 바다에 갑니다.
정말 <u>기대가 됩니다</u>.

(1)

컴퓨터가 자주 고장이 나서 _____.
그래서 오늘 고치러 갈 겁니다.

(2)

매일 퇴근이 늦습니다. 그래서
가족들이 _____.

(3)

제 여자 친구는 꽃을 받으면
아주 _____.

2. 다음을 연결하고 보기 와 같이 대화를 만들어 보십시오.
Connect the sentences. Make dialogs like the example.

✔ 제가 어제 가족 모임에 많이 늦었다 •·············• 가족들이 기다렸다

(1) 오늘 저녁에 갈비를 먹다 • • 아이가 섭섭했다

(2) 오늘 저녁에 소개팅을 하다 • • 기대가 되다

(3) 어제 아이 학교 발표회에 못 갔다 • • 정말 맛있다

보기 제가 어제 가족 모임에 많이 늦었어요.
그래요? 가족들이 <u>기다렸겠</u>어요.

💬 말해 봅시다 Let's talk

💬 보기 와 같이 말해 보십시오.
Let's talk like the example.

보기

오늘 퇴근한 후에 뭐 해요?

오랜만에 학교 친구들을 만날 거예요.

그래요? 좋**겠**어요.

네. 빨리 만나고 싶어요.

퇴근 후 할 일
오랜만에 학교 친구들을 만나다

추측
좋다

1.

퇴근 후 할 일
아이들과 놀이공원에 가다

추측
아이들이 좋아하다

오늘 퇴근한 후에 뭐 해요?

_____.

그래요? _____.

네. 저도 기대가 돼요.

2.

어제 퇴근한 후에 뭐 했어요?

_____.

그래요? _____.

네. 정말 재미있었어요.

퇴근 후 한 일
친구들과 노래방에 갔다

추측
정말 재미있었다

3.

퇴근 후 한 일
어머니께 맛있는 음식을 사 드렸다

추측
어머니께서 기뻐하셨다

어제 퇴근한 후에 뭐 했어요?

_____.

그래요? _____.

네. 정말 좋아하셨어요.

사 드리다 buy, treat

1. 여러분은 어제 퇴근한 후에 무엇을 했습니까? 특별한 일이 있었습니까?

What did you do after work yesterday? Did something special happen?

2. 다음은 김수지 씨와 뚜언 씨의 메신저 대화입니다. 읽고 질문에 답하십시오.

The following is an instant message conversation between Kim Su-ji and Tuon. Read and answer the questions.

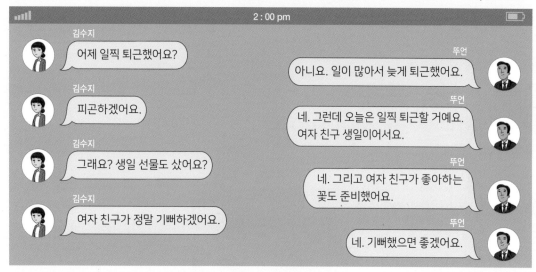

(1) 오늘 저녁에 뚜언 씨의 여자 친구는 기분이 어떨까요?

How will Mr Tuon's girlfriend feel this evening?

① 기뻐할 겁니다.　　　　　② 섭섭할 겁니다.　　　　　③ 짜증이 날 겁니다.

(2) 읽은 내용과 같으면 ○, 다르면 ✕ 하십시오.

Put O if the following statement is correct and X if it's wrong.

① 뚜언 씨는 어제 늦게 퇴근했습니다.　　　　　　　　　　　(　　)

② 뚜언 씨는 김수지 씨에게 선물을 줄 겁니다.　　　　　　　(　　)

3. 회사 메신저로 친구와 오늘 퇴근 후에 할 일을 이야기하고 그때 기분을 추측하며 말해 보십시오.

Use company messenger to talk with your friends about what you will do after work today, guessing what it feels like.

면접 복장 Interview outfit

　회사에 취직하기 전에 보통 회사 면접을 봅니다. 면접을 보러 갈 때 어떤 옷을 입고 가는 게 좋을까요? 반바지나 짧은 치마를 입는 것은 좋지 않습니다. 슬리퍼를 신고 가는 것도 좋지 않습니다. 면접에 갈 때는 단정한 옷차림이 좋습니다. 보통 까만색이나 회색과 같이 어두운 색 정장에 구두를 신고 갑니다. 노출이 많은 옷이나 화려한 반지, 목걸이 등도 피하는 것이 좋습니다.

People usually have a job interview before they get a job. What should you wear when you go to an interview? It is not a good idea to wear shorts or short skirts. It is not good to wear slippers. Be neatly dressed when going to an interview. People usually wear shoes in dark suits like black or gray. It's also a good idea to avoid clothing that's heavily exposed, colorful rings, or necklaces.

학습목표 Aims of the Lesson
주말 활동에 대해 말할 수 있다.
To talk about weekend activities.

Part 2

번지 점프를 한 적이 있어요
I've done bungee jump.

어휘 및 표현 Vocabulary and Expressions

번지 점프
bungee jump

영화 감상
movie appreciation

콘서트
concert

관람(하다)
watch

스트레스가 쌓이다
build up stress

스트레스가 풀리다
relieve stress

문법 Grammar

-(으)ㄴ 적이 있다/없다

동사 뒤에 붙어서 그 일을 한 경험이 있거나 없음을 나타낸다.

Attached to a verb to indicate whether or not you have done it.

- 저는 한국 음식을 먹은 적이 있어요.
- 저는 스카이다이빙을 한 적이 없어요.
- 회사 동료들과 같이 놀러 간 적이 있어요.

• 여러분은 주말에 무엇을 합니까?
듣고 질문에 답하십시오.

What do you do on the weekends? Listen and answer the questions.

흐엉 씨는 주말에 특별한 계획이 있었습니까?
두 사람은 주말에 무엇을 할 계획입니까?

1. 다음은 주말 활동입니다. 보기 와 같이 밑줄에 들어갈 표현을 찾아 쓰십시오.

Here are the weekend activities. Complete the sentences with the expressions in the box. See the example.

> ✔ 번지 점프를 하다   콘서트에 가다
>
> 영화 감상을 하다   스포츠 경기를 관람하다

보기 번지 점프를 하고 싶어요.

(1) _____

(2) _____

(3) _____

주말에 뭘 하고 싶어요?

2. 다음을 보고 보기 와 같이 대화를 만들어 보십시오.

Look at the table and make dialogs like the example.

보기 콘서트에 **간 적이 있어요**?

아니요, 저는 **간 적이 없어요**.

	네	아니요
✔ 콘서트에 가다		✔
(1) 스키를 타다	✔	
(2) 한국어 이메일을 받다	✔	
(3) 스포츠 경기를 관람하다		✔

보기 와 같이 말해 보십시오.
Let's talk like the example.

보기

번지 점프를 **한 적이 있어요**?

아니요, 아직 **한 적이 없어요**.

그러면 이번 주말에 같이 해 볼래요?

좋아요.

번지 점프를 하다 ✕

1.

콘서트에 가다 ✕

_____?

아니요, 아직 _____.

그러면 이번 주말에 같이 가 볼래요?

좋아요.

2. _____?

아니요, 아직 _____.

그러면 이번 주말에 같이 해 볼래요?

좋아요.

스카이다이빙을 하다 ✕

3. _____?

스키를 타다 ✕

아니요, 아직 _____.

그러면 이번 주말에 같이 해 볼래요?

좋아요.

1. 여러분은 다음 중 무엇을 한 적이 있습니까? 그림에 ✔ 표 하고 이야기해 보십시오.
Which of the following have you done? Mark ✔ and talk about it.

2. 다음은 뚜언 씨의 주말 이야기입니다. 듣고 질문에 답하십시오.
The following is Tuon's weekend story. Listen and answer the questions.

Track 11

(1) 뚜언 씨는 지난 주말에 무엇을 했습니까?
What did Tuon do last weekend?

① 동생과 쇼핑을 했습니다.

② 친구와 유명한 식당에 갔습니다.

③ 가족들과 스포츠 경기장에 갔습니다.

(2) 들은 내용과 같으면 ○, 다르면 ✕ 하십시오.
Put O if the following statement is correct and X if it's wrong.

① 뚜언 씨는 친구들과 신나게 노래를 해서 스트레스가 풀렸습니다. ( )

② 뚜언 씨는 작년에 경기장 근처에 있는 유명한 식당에 간 적이 있습니다. ( )

3. 여러분은 주말에 무엇을 한 적이 있습니까? 메모한 후 친구에게 말해 보십시오.
What have you done over the weekend? Take notes and talk to your friends.

질문	대답
어디에 간 적이 있어요?	
거기에서 무엇을 했어요?	
누구와 같이 갔어요?	
무엇이 재미있었어요?	
거기에 또 가고 싶어요? 그것을 또 하고 싶어요?	

신나게 excitingly   응원(하다) cheer

어휘 및 표현 Vocabulary and Expressions

※ [1~5] 밑줄 친 부분에 알맞은 것을 고르십시오.
[1~5] Choose the appropriate answers and fill in the blanks.

1. 회사 사람들은 보통 쉬는 시간에 _____에서 커피를 마십니다.

① 회의실   ② 휴게실   ③ 사무실

2. 우리 부서에 신입 사원이 와서 어제 퇴근 후에 _____을/를 했습니다.

① 회식   ② 야유회   ③ 창립기념일 행사

3. A: 이 대리, 회사 일이 많아요?
    B: 네. 그래서 매일 저녁 늦게까지 _____.

① 출근합니다   ② 퇴근합니다   ③ 야근합니다

4. A: 지난 주말에 뭐 했어요?
    B: 동생 생일이어서 파티를 했어요.
    A: 재미있었겠어요. 축하 카드도 줬어요?
    B: 네. 카드를 보고 동생이 _____.

① 기뻐했어요
② 섭섭했어요
③ 즐거웠어요

5. A: 번지 점프는 어땠어요? 재미있었어요?
    B: 네. _____.

① 기대가 돼요
② 짜증이 났어요
③ 스트레스가 풀렸어요

📝 **문법** Grammar

※ [6~9] 밑줄 친 부분에 알맞은 것을 고르십시오.
[6~9] Choose the appropriate answers and fill in the blanks.

6. A: 흐엉 씨, 회의 준비를 도와줄까요?
B: 네. 그럼 _____ 회의실 좀 예약해 주세요.

① 퇴근해서
② 퇴근하기 전에
③ 퇴근하기 때문에

7. A: 이 사진은 동호회 모임 때 찍은 거예요?
B: 네. 그때 _____ 정말 재미있었어요.

① 찍었는데
② 찍었지만
③ 찍었기 때문에

8. A: 또 컴퓨터가 고장 났어요.
B: 정말요? _____.

① 짜증 나겠어요
② 짜증 난 편이에요
③ 짜증 날 수 있어요

9. A: 한국에서 스카이다이빙을 해 봤어요?
B: 네. 스카이다이빙을 _____.

① 할 거예요
② 한 적이 있어요
③ 했으면 좋겠어요

10. 다음을 듣고 알맞은 대답을 고르십시오.
Listen and choose the right answer.

Track 12

① 아니요, 한 번 가 봤어요.
② 네, 정말 가 보고 싶어요.
③ 아니요, 가 본 적이 없어요.

※ [11~12] 다음을 듣고 질문에 답하십시오.
[11~12] Listen and answer the questions.

Track 13

11. 흐엉 씨는 회의 전에 무엇을 하겠습니까?
What will Huong do before the meeting?

① 음료수를 준비할 겁니다.
② 회의 보고서를 쓸 겁니다.
③ 회의 일정을 확인할 겁니다.

12. 들은 내용과 같은 것을 고르십시오.
What is true?

① 흐엉 씨는 지금 퇴근할 겁니다.
② 회의가 내일 세 시에 있습니다.
③ 흐엉 씨는 회의 인원을 확인할 겁니다.

읽기   Reading

13. 다음을 잘 읽고 내용과 <u>다른</u> 것을 고르십시오.
Read carefully. What is false?

> ### 봉사 활동 동호회에 가입하세요!
>
> - 한 달에 두 번 토요일에 모입니다.
> - 몸이 아픈 사람들이 사는 곳에 가서 식사를 준비하고 청소도 합니다.
> - 가입 신청은 회사 홈페이지에서 하세요.

① 매주 토요일에 만납니다.
② 몸이 아픈 분들의 식사 준비를 합니다.
③ 회사 홈페이지에서 가입할 수 있습니다.

※ [14~15] 다음을 읽고 물음에 답하십시오.
[14~15] Read and answer the questions.

> 지난 금요일에 과장님이 한국 친구를 소개해 주었습니다. (㉠) 금요일 저녁에 같이 저녁도 먹고 커피숍에서 이야기도 많이 했습니다. (㉡) 우리는 둘 다 축구를 좋아하고 매운 음식도 좋아합니다. (㉢) 신나게 응원을 하고 매운 음식을 먹으면 스트레스가 풀릴 겁니다. 이번 주말이 정말 기대됩니다.

14. 다음 문장이 들어갈 곳을 고르십시오.
Choose where to put this sentence.

> 그래서 이번 주말에 같이 축구 경기를 관람할 겁니다.

① ㉠   ② ㉡   ③ ㉢

15. 이 글의 내용과 같은 것을 고르십시오.
What is true?

① 지난 주말에 과장님을 만났습니다.
② 한국 친구는 매운 음식을 좋아합니다.
③ 나는 이번 목요일에 축구 경기를 볼 겁니다.

07 업무 전화
Business Call

학습목표 Aims of the Lesson
전화로 업무를 수행할 수 있다.
To carry out a task by phone.

Part 1

회의하러 가신 것 같습니다
I think he(she) went to a meeting.

- 다음은 전화 대화입니다.
  듣고 맞는 것에 ✔표 하십시오.
  Here is the phone conversation. Listen and mark ✔
  what is right.

  Track 14

  ☐ 자오웨이 차장님은 지금 회의합니다.
  ☐ 자오웨이 차장님은 통화 중입니다.

어휘 및 표현 Vocabulary and Expressions

늦추다
delay

당기다
advance

전화 바꿨습니다.
speaking

어디라고 전해 드릴까요?
May I ask who's calling?

전화 왔다고 전해 주세요.
Please tell him(her) that I called.

○○(이)라고 하셨지요?
Did you say you are ○○?

문법 Grammar

-(으)ㄴ/는 것 같다

동사나 형용사 뒤에 붙어서 말하는 내용이 불확실한 판단임을 나타낸다.

Attached to a verb or adjective to indicate uncertain judgment.

- 오늘 날씨가 추운 것 같아요.
- 영화가 재미있는 것 같아요.
- 지금 비가 오는 것 같아요.

1. 다음은 업무 통화입니다. 보기 와 같이 밑줄에 들어갈 표현을 찾아 쓰십시오.

Here are the situations in business calls. Complete the sentences with the expressions in the box. See the example.

> ✔ 전화 바꿨습니다.   ○○(이)라고 하셨지요?
>
> 어디라고 전해 드릴까요?   전화 왔다고 전해 주세요.

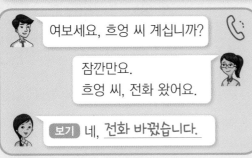

여보세요, 흐엉 씨 계십니까?

잠깐만요.
흐엉 씨, 전화 왔어요.

보기 네, 전화 바꿨습니다.

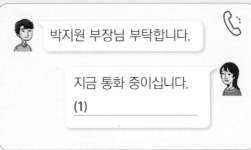

박지원 부장님 부탁합니다.

지금 통화 중이십니다.
(1) _____

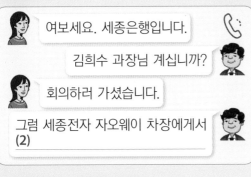

여보세요. 세종은행입니다.

김희수 과장님 계십니까?

회의하러 가셨습니다.

그럼 세종전자 자오웨이 차장에게서
(2) _____

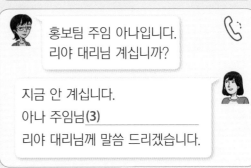

홍보팀 주임 아나입니다.
리야 대리님 계십니까?

지금 안 계십니다.
아나 주임님(3) _____
리야 대리님께 말씀 드리겠습니다.

2. 다음을 보고 보기 와 같이 대화를 만들어 보십시오.

Make dialogs. See the example below.

> 보기 여보세요, 김희수 과장님 계십니까?
>
> 죄송합니다. 외근을 가신 것 같습니다.

〈외근〉
한국전자 2시

✔	김희수 과장님	외근을 가다
(1)	김수지 과장님	회의 준비 때문에 바쁘다
(2)	리야 대리님	몸이 안 좋아서 일찍 퇴근하다
(3)	자오웨이 차장님	거래처 전화를 받다

에게서 from   외근을 가다 out on business

💬 보기 와 같이 말해 보십시오.
Let's talk like the example.

보기

여보세요, 세종전자 인사팀 흐엉입니다.

안녕하세요? 저는 서울광고 강미나입니다.
자오웨이 차장님 계십니까?

지금 자리를 비우신 것 같습니다.
30분 후에 다시 전화해 주세요.

네, 알겠습니다.

30분 후

1.

다음 주

여보세요, 세종전자 인사팀 흐엉입니다.

안녕하세요? 저는 서울광고 강미나입니다.
자오웨이 차장님 계십니까?

_____.
_____ 다시 전화해 주세요.

네, 알겠습니다.

2.

여보세요, 세종전자 인사팀 흐엉입니다.

안녕하세요? 저는 가나무역 최영석입니다.
아나 주임님 계십니까?

_____.
_____ 다시 전화해 주세요.

네, 알겠습니다.

내일

3.

두 시간 후

여보세요, 세종전자 인사팀 흐엉입니다.

안녕하세요? 저는 가나무역 최영석입니다.
아나 주임님 계십니까?

_____.
_____ 다시 전화해 주세요.

네, 알겠습니다.

자리를 비우다 clear the seat   다음 주 next week

1. 여러분은 회사에서 전화를 하거나 받은 적이 있습니까? 그 전화는 어떤 내용이었습니까?

Have you called or received a call at work? What was the call about?

전화한 사람	전화 내용

2. 다음을 듣고 질문에 답하십시오.

Listen and answer the questions.

Track 15

(1) 강미나 씨는 뚜언 씨에게 왜 전화했습니까?

Why did Kang Mina call Tuon?

① 회의 시간을 정하고 싶어서

② 회의 시간을 늦추고 싶어서

③ 회의 시간을 당기고 싶어서

(2) 들은 내용과 같으면 ○, 다르면 ✗ 하십시오.

Put O if the following statement is correct and X if it's wrong.

① 강미나 씨는 다른 회의가 있어서 회의 시간을 바꾸었습니다.　　　　(　　)

② 강미나 씨와 뚜언 씨는 3시에 회의를 합니다.　　　　　　　　　　(　　)

3. 회의 시간을 바꾸려고 합니다. 바꾸고 싶은 시간과 이유를 메모하고 이야기해 보십시오.

You would like to change the meeting time. Write down and talk about the time and reason that you want to change.

약속한 회의 시간		바꾸고 싶은 시간	이유
	➡		
	➡		

학습목표 Aims of the Lesson

전화 내용을 메모할 수 있다.
To make a note of the telephone conversation.

Part 2

거래처에서 전화 왔음

Called from a trading partner

자오웨이 차장님께,

- 전화한 사람: 인사팀 이민수 대리
- 전화 내용: 이번 주 사원 교육을
  다음 주로 바꾸고 싶습니다.
- 전화 온 시간: 오전 11시

리야 대리 드림

문법 Grammar

-(으)ㅁ

어떤 사실을 간단하게 기록하거나 알릴 때 쓴다.

Use it to simply write down or announce something.

- 다음 주에 외근을 **감**.
- 창립기념일 행사에 꼭 참석해야 **함**.
- 2시에 회의가 있**음**.

• **다음은 전화를 받은 후 쓴 메모입니다.**
Here's a note you've made after answering the phone.

누가 자오웨이 차장님께 전화했습니까?

왜 전화했습니까?

1. 다음은 메모하는 상황입니다. 보기 와 같이 밑줄에 들어갈 표현을 찾아 쓰십시오.

Here is the situation to take notes. Complete the sentences with the expressions in the box. See the example.

> 메모를 전하다 ✔ 메모 남겨 드릴까요? 메모 좀 부탁드립니다

여보세요, 홍보팀 주임 아나입니다. 김수지 과장님 계십니까?

지금 잠깐 다른 부서에 가셨습니다. 보기 메모를 남겨 드릴까요?

네, **(1)** _____ _____. 내일 회의가 오후 2시에 있습니다.

네, 알겠습니다. 과장님이 오시면 **(2)** _____ (으)ㄹ게요.

감사합니다.

2. 동료의 전화를 대신 받았습니다. 동료에게 전달할 내용을 보기 와 같이 메모해 보십시오.

You receive a call for your colleague instead. Take notes to pass on to him(her) like the example.

보기 회의 시간을 늦추고 싶습니다.

> 전화한 사람: **아나 주임**
> 내용: **회의 시간을 늦추고 싶음.**

(1) 월급이 안 들어왔습니다.

> 전화한 사람: **리야 대리**
> 내용: **월급이 안 _____.**

(2) 제품에 문제가 생겼습니다.

> 전화한 사람: **김수지 과장**
> 내용: **제품에 문제가 _____.**

(3) 다음 주에 거래처와 회의를 할 것 같습니다.

> 전화한 사람: **이민수 대리**
> 내용: **다음 주에 거래처와 회의를_____.**

월급이 들어오다 paycheck comes 문제가 생기다 There is a problem.

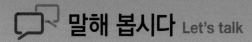

💬 대화를 듣고 보기 처럼 메모해 보십시오.
Listen and take notes like the example.

보기

뚜언 과장님께,

전화한 사람:
인사팀 이민수 대리

내용:
내일 점심 약속 시간을
확인하려고 전화했음.

흐엉 드림

1.

리야 대리님께,

전화한 사람:
영업팀 자오웨이 차장

내용:
_____
_____

흐엉 드림

2.

아나 주임님께,

전화한 사람:
서울광고 강미나

내용:
_____
_____

흐엉 드림

3.

박지원 부장님께,

전화한 사람:
가나무역 김희수 과장님

내용:
_____
_____

흐엉 드림

께 to   출장 중 on a business trip   가격 price

1. 여러분은 한국어로 전화를 받고 메모한 적이 있습니까? 메모 내용은 무엇이었습니까?

Have you ever received a call in Korean and made a note? What was the memo?

2. 거래처와의 전화 대화입니다. 다음을 듣고 질문에 답하십시오.

It is a telephone conversation with a trading partner. Listen and answer the questions.

Track 17

(1) 인드라 씨는 왜 전화했습니까?

Why did Indra call you?

① 신제품 디자인을 확인하려고

② 신제품 디자인을 변경하려고

③ 신제품 디자인을 결정하려고

(2) 들은 내용과 같으면 ○, 다르면 ✕ 하십시오.

Put O if the following statement is correct and X if it's wrong.

① 여자가 남자에게 전화했습니다.　　　　　　　(　　)

② 김수지 과장은 출장을 갔습니다.　　　　　　　(　　)

3. 대화를 다시 듣고 메모를 작성해 보십시오.

Listen the dialog again and make a note.

김수지 과장님께

- 전화한 사람: **(1)** _____팀 인드라 주임님

- 전화 내용

  (2) _____.

  (3) 디자인 제작에 _____.

- 전화 온 시간: 오후 2시

이수미 드림

Tip

회사 생활할 때 전화 예절 Call manners at work

회사에서 전화를 받을 때는 '서울식품 마이클입니다.' 또는 '홍보팀 흐엉입니다.'처럼 회사 이름이나 부서명을 먼저 말하고 자기 이름을 말합니다. 또한 다른 직원이 자리에 없어서 그 직원의 전화를 대신 받으면 '대신 받았습니다. 연구개발팀 정은지입니다.'라고 말해 대신 받았음과 자신의 이름을 알려야 합니다.

When you answer a phone call at work, say your company name or department name first and then your name, such as 'Seoul Food Michael speaking' or 'Public Relations Team Huong speaking'. Also, when you receive other's call because he(she) is not available, you should let them know you answered the phone instead, for instance, saying 'R&D Team Jeong Eunji speaking'.

휴가
Vacation

학습목표 Aims of the Lesson
양식에 맞게 휴가 신청서를 쓸 수 있다.
To fill out a vacation request in conformity with the form.

📖 어휘 및 표현 Vocabulary and Expressions

여름휴가
summer vacation

경조 휴가
congratulation or condolence vacation

연차 휴가
annual vacation

출산 휴가
maternity leave

포상 휴가
reward vacation

휴가를 내다
take time off

Part 1

휴가를 가려고 합니다
I'm going on a vacation.

📝 문법 Grammar

-(으)려고 하다

동사 뒤에 붙어 어떤 일을 할 의도가 있음을 나타낸다.

Attached to a verb to indicate that it is intended to do something.

- 내일은 회사에 일찍 **가려고** 해요.
- 내일 은행에서 돈을 **찾으려고** 해요.
- 대학교를 졸업한 후에 무역 회사에 **취직하려고** 해요.

• 여러분은 휴가에 무엇을 합니까?
듣고 맞는 것에 ✔표 하십시오.

Track 18

What do you do on vacation? Listen and mark ✔ what is right.

☐ 여자는 제주도에 갈 겁니다.

☐ 여자는 혼자 휴가를 갈 겁니다.

1. 다음은 휴가의 종류입니다. 보기 와 같이 밑줄에 들어갈 어휘를 찾아 쓰십시오.

Here are the types of vacations. Complete the sentences with the words in the box. See the example.

여름휴가	경조 휴가	출산 휴가	✔ 포상 휴가

보기

민수 씨는 ___포상 휴가___ 를
받아서 기쁩니다.

(1)

다음 달에 출산을 해서
_____를 낼 겁니다.

(2)

아나 주임은 동생 결혼식이 있어서
_____를 신청할 겁니다.

(3)

뚜언 과장은 작년에 가족들과 같이
바다로 _____를 갔습니다.

2. 다음을 연결하고 보기 와 같이 대화를 만들어 보십시오.

Match the words with the sentences and make dialogs like the example.

✔ 여름휴가	•	•	다음 달부터 출산 휴가를 쓰다
(1) 휴가	•	•	다음 주 수요일에 연차 휴가를 내다
(2) 연차 휴가	•	•	8월에 휴가를 가다
(3) 출산 휴가	•	•	프로젝트가 잘 끝나서 포상 휴가를 가다

보기 지금 무슨 신청서를 씁니까?

 여름휴가 신청서예요.
8월에 휴가를 **가려고 합니다.**

결혼식 wedding ceremony

💬 말해 봅시다 Let's talk

💬 보기 와 같이 말해 보십시오.
Let's talk like the example.

언제	이유	
✔ 내일 오후	✔ 어머니가 편찮으시다	✔ 같이 병원에 가다
오늘 오후	언니의 음악 공연이 있다	가족과 함께 공연을 보다
목요일 오전	동생이 대학을 졸업하다	동생 졸업식에 참석하다
금요일 오후	통장을 만들고 싶다	은행에 가다

보기

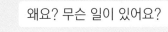 과장님, 내일 오후에 연차 휴가를 내려고 합니다.

 왜요? 무슨 일이 있어요?

어머니가 편찮으십니다. 그래서 같이 병원에 **가려고 합니다**.

그래요? 잘 다녀오세요.

1. 과장님, _____ 에 연차 휴가를 내려고 합니다.

왜요? 무슨 일이 있어요?

_____
_____.

그래요? 잘 다녀오세요.

2. 과장님, _____ 에 연차 휴가를 내려고 합니다.

왜요? 무슨 일이 있어요?

_____
_____.

그래요? 잘 다녀오세요.

3. 과장님, _____ 에 연차 휴가를 내려고 합니다.

왜요? 무슨 일이 있어요?

_____
_____.

그래요? 잘 다녀오세요.

통장 bankbook

1. 휴가에는 어떤 휴가가 있습니까? 휴가는 어떻게 신청합니까?
What kind of vacation do you have for vacation? How do you apply for a vacation?

2. 휴가 신청서를 읽고 질문에 답하십시오.
Read the following vacation request form and answer the questions.

휴가 신청서	결재	과장	부장	사장
성명	아나 로메로 산체스	직급	주임	
부서	홍보팀	비상 연락처	+(52) 55-1234-5678	
휴가 구분	□ 여름휴가　☑ 경조 휴가　□ 출산 휴가　□ 포상 휴가			
기간	10 월　9 일 (월) ~ 10 월　13 일 (금)			
사유	여동생의 결혼식 참석			

위와 같이 휴가를 신청합니다.
2019 년　7 월　5 일
신청인:　아나 로메로 산체스　(서명) _Ana Romero Sanchez_

(1) 아나 주임은 왜 휴가를 신청합니까?
Why does Anna ask for a leave?

① 여름휴가를 못 가서　　② 여동생이 결혼을 해서　　③ 부모님을 만나고 싶어서

(2) 며칠 동안 휴가를 갑니까? How long will she take a leave?　　　(　　　)일

3. 휴가 신청서를 써 보십시오.
Fill out the vacation request form.

휴가 신청서	결재	과장	부장	사장
성명		직급		
부서		비상 연락처		
휴가 구분	□ 여름휴가　□ 경조 휴가　□ 출산 휴가　□ 포상 휴가			
기간	월　일 (　) ~　월　일 (　)			
사유				

위와 같이 휴가를 신청합니다.
20 년　월　일
신청인:　　　　　　　(서명)

학습목표 Aims of the Lesson

인터넷이나 전화로 호텔을 예약할 수 있다.

To book a hotel by internet or by phone.

Part 2

밤 10시에 체크인을 해도 돼요?

Can I check in at 10 pm?

객실
room

성인
adult

어린이
child

체크아웃
check-out

체크인
check-in

○박 ○일
○ days and ○ nights

문법 Grammar

–아/어도 되다

동사 뒤에 붙어서 그 행위의 허락이나 허용을 나타낸다.

Attached to a verb to indicate permission or consent to the action.

- 이 빵을 먹어도 돼요.
- 조금 후에 전화해도 돼요?
- 이 복사기를 지금 써도 돼요?

• 인터넷으로 호텔 예약을 한 적이 있습니까? 이때 무엇이 필요할까요?

Have you made a hotel reservation online? What do you need at this time?

1. 다음은 호텔 예약 확인증의 한 부분입니다. 보기 와 같이 밑줄에 들어갈 어휘를 찾아 쓰십시오.

Here is part of the hotel reservation confirmation. Complete the sentences with the words in the box. See the example.

객실   ✔성인   체크인   ○박 ○일

세종호텔 예약 확인증

이름	팜 투 흐엉	예약 번호	000102
인원	보기 성인 2명, 어린이 1명	예약 기간	6/8(월)~6/11(목) (1) 3_____ 4_____
전화번호	02-234-5678	(2) _____ 시간	오후 2시
(3) _____	방 2개	체크아웃 시간	오전 11시

2. 다음을 보고 보기 와 같이 대화를 만들어 보십시오.

Make dialogs. See the example below.

보기 예약 인원을 **변경해도 돼요**?

 그럼요.

✔예약 인원을 변경하다

(1) 객실을 좀 옮기다   (2) 체크아웃 시간을 바꾸다   (3) 한 달 동안 이 방에서 묵다

말해 봅시다 Let's talk

💬 **보기** 와 같이 말해 보십시오.
Let's talk like the example.

보기

휴가 날짜를 변경하고 싶어요.

그래요? 그럼 뭘 도와줄까요?

휴가 신청서를 다시 **써도 돼요**?

그럼요. 그렇게 하세요.

| 상황 | 휴가 날짜를 변경하고 싶다 |
| 질문 | 휴가 신청서를 다시 쓰다 |

1.

| 상황 | 내일 회의에 가야 하다 |
| 질문 | 우리 팀 회의를 다음 주로 늦추다 |

_____.

그래요? 그럼 내일 우리 팀 회의는 어떻게 할까요?

_____?

네, 그렇게 하세요.

2.

_____.

그래요? 그럼 기념품 가게에 언제 갈까요?

_____?

네, 좋아요.

| 상황 | 오늘 기념품을 사려고 하다 |
| 질문 | 오후에 잠깐 들르다 |

3.

| 상황 | 객실이 좀 더럽다 |
| 질문 | 객실을 옮기다 |

_____.

죄송합니다. 어떻게 해 드릴까요?

_____?

네. 다른 방으로 옮겨 드릴게요.

들르다 stop by

1. 휴가를 가려고 합니다. 어디에 가고 싶습니까?
You are going on a vacation. Where do you want to go?

2. 다음을 읽고 질문에 답하십시오.
Read and answer the questions.

🏨 호텔	✈ 항공	✈🏨 항공+호텔	🚗 렌터카

호텔

📍 제주호텔 ⌄

체크인	체크아웃		객실	성인(18+)	어린이(0~17)
📅 8월 9일	📅 8월 15일	6박 7일	1 ⌄	2 ⌄	2 ⌄

기타

조식 신청함.	어린이 침대 (1개) 신청함.

🔍

(1) 이 사람이 신청한 것을 모두 고르십시오.
Choose all that this person asked for.

☐ 조식　　　　　　　☐ 모닝콜　　　　　　　☐ 어린이 침대

(2) 읽은 내용과 같으면 O, 다르면 X 하십시오.
Put O if the following statement is correct and X if it's wrong.

① 이 사람은 혼자 호텔에 묵을 것입니다.　　　　　　　(　　　)
② 이 사람은 3일 동안 제주도에 있을 겁니다.　　　　　(　　　)

3. 가족들과 제주도에 가려고 합니다. 다음 내용을 전화로 예약해 보십시오.
You are going to Jeju Island with your family. Make a reservation with the following note by phone.

이름	자오웨이	체크인 날짜	08. 13.(수)
인원	성인 4명, 어린이 1명	체크아웃 날짜	08. 15.(금)
객실	방 2개	기타	조식 신청함

조식 breakfast　　모닝콜 wake-up call

어휘 및 표현 Vocabulary and Expressions

※ [1~5] 밑줄 친 부분에 알맞은 것을 고르십시오.
[1~5] Choose the appropriate answers and fill in the blanks.

1. 우리 부서 사람들은 신제품을 많이 팔아서 _____를 받았습니다.

① 경조 휴가   ② 포상 휴가   ③ 출산 휴가

2. 내일 오후 4시에는 다른 회의가 있어요. 회의 시간을 2시로 _____?

① 정할 수 있어요   ② 늦출 수 있어요   ③ 당길 수 있어요

3. A: 리야 대리님 계십니까?
    B: 리야 대리님은 _____입니다. 다음 주 화요일에 일본에서 돌아오세요.

① 통화 중   ② 출장 중   ③ 회식 중

4. A: 여보세요, 흐엉 씨 계십니까?
    B: 잠깐만요. 흐엉 씨, 전화 왔어요.
    C: _____. 흐엉입니다.

① 안 계신데요
② 전화 바꿨습니다
③ 나중에 다시 하겠습니다

5. A: 여보세요. 인드라 주임님 좀 부탁합니다.
    B: _____?
    A: 서울건설 장철수입니다.

① 메모 남겨 드릴까요
② 어디라고 전해 드릴까요
③ 전화 왔다고 전해 주세요

📝 문법 Grammar

※ [6~9] 밑줄 친 부분에 알맞은 것을 고르십시오.

[6~9] Choose the appropriate answers and fill in the blanks.

6. A: 여보세요, 김수지 과장님 자리에 계십니까?

B: 죄송합니다. _____.

① 외근을 가고 싶습니다

② 외근을 간 것 같습니다

③ 외근을 갈 수 있습니다

7. A: 과장님께 퇴근 후에 _____?

B: 아니요. 퇴근 후에는 전화하지 마세요.

① 전화해도 돼요

② 전화하려고 해요

③ 전화한 적이 있어요

8. A: 내일 병원에 가야 해서 연차 휴가를 _____.

B: 네. 그런데 많이 아프세요? 잘 다녀오세요.

① 내려고 합니다

② 내는 편입니다

③ 내는 것 같습니다

9. A: 흐엉 씨 계십니까?

B: 지금 출장 중입니다. 메모 남겨 드릴까요?

A: 네. 저는 가나무역 최영석입니다. 다음 달 회의 시간 때문에
전화했습니다.

서울무역 최영석 씨가
다음 달 회의 시간 때문에

① 전화했음

② 전화합니다

③ 전화하는 편입니다

10. 다음을 듣고 알맞은 대답을 고르십시오.
Listen and choose the right answer.

Track 19

① 가능합니다.
② 별말씀을요.
③ 자신이 있습니다.

※ [11~12] 다음을 듣고 질문에 답하십시오.
[11~12] Listen and answer the questions.

Track 20

11. 남자가 전화한 이유를 고르십시오.
Why did the man call?

① 회의 시간을 몰라서
② 회의에 참석할 수 없어서
③ 회의 장소를 예약하지 못해서

12. 들은 내용과 같은 것을 고르십시오.
What is true?

① 서울호텔에서 회의를 할 겁니다.
② 리야는 오후 3시에 회사에 옵니다.
③ 박지원 부장은 지금 회사에 없습니다.

읽기 Reading

13. 다음을 잘 읽고 내용과 <u>다른</u> 것을 고르십시오.
Read carefully. What is false?

> 김수지 과장님께
>
> - 홍보팀 아나 주임에게서 전화가
>   왔음.
> - 외근을 가야 해서 내일 회의를
>   다음 주에 했으면 좋겠음.
>
>   호엉 드림

① 흐엉 씨가 메모를 썼습니다.
② 아나 주임이 전화를 했습니다.
③ 회의 시간을 당기고 싶습니다.

※ [14~15] 다음을 읽고 물음에 답하십시오.
[11~12] Read carefully and answer the questions.

> 저는 작년에 아내와 아이들과 함께 제주도로 휴가를 다녀왔습니다. 바다에서 수영도 하고 맛있는 음식도 많이 먹었습니다. 정말 재미있었습니다. 올해는 일본으로 3박 4일 동안 휴가를 가려고 합니다. (㉠) 한 달 전에 휴가 신청서도 내고 비행기 표와 호텔도 예약했습니다. 정말 기대가 됩니다.

14. ㉠에 들어갈 알맞은 말을 고르십시오.
Choose the appropriate word to go in the blank ㉠.

① 그래서
② 그러면
③ 그렇지만

15. 이 글의 내용과 같은 것을 고르십시오.
What is true?

① 이 사람은 지난 휴가 때 바다에 갔습니다.
② 이 사람은 제주도로 휴가를 가려고 합니다.
③ 이 사람은 아직 휴가 신청서를 내지 못했습니다.

09 고객 응대
Customer Reception

학습목표 Aims of the Lesson

회사를 방문한 고객의 요청을 듣고 응대할 수 있다.

To respond to requests from customers who have visited the company.

Part 1

통화 중이니까 잠깐만 기다려 주세요

Please wait a minute because he(she) is on the phone.

• 남자는 왜 이곳에 왔습니까?
듣고 맞는 것에 ✔표 하십시오.

Why does the man come here? Listen and mark ✔ the right answer.

 Track 21

☐ 남자는 회사에 물건을 팔러 왔습니다.

☐ 남자는 이 부장님을 만나러 왔습니다.

어휘 및 표현 Vocabulary and Expressions

안내인
desk clerk

방문(하다)
visit

어서 오세요
Can I help you?

어떻게 오셨어요?
What brings you here?

음료수 좀 드릴까요?
Can we offer you some refreshment?

잠깐만 기다려 주세요
Please wait a minute.

문법 Grammar

– (으)니까

동사나 형용사 뒤에 붙어서 앞의 내용이 뒤의 내용의 이유가 됨을 나타낸다.

Attached to a verb or adjective to indicate that the former is the reason for the latter.

- 양말이 싸니까 많이 샀어요.
- 회의가 있으니까 회의록을 작성해 주세요.
- 이 노래를 들으니까 스트레스가 풀렸어요.

1. 다음은 고객 응대 상황입니다. 보기 와 같이 그림에 알맞은 표현을 연결해 보십시오.
Here are customer reception situations. Match the situation with the appropriate expression like the example.

보기 　(1) 　(2) 　(3)

어서 오세요.　　　음료수 좀 드릴까요?　　✔ 어떻게 오셨어요?　　잠깐만 기다려 주세요.

2. 다음을 보고 보기 와 같이 대화를 만들어 보십시오.
Make dialogs. See the example below.

> 박 부장님 좀 만나러 왔습니다.
>
> 연락처 …

보기　안녕하세요? 박 부장님 좀 만나러 왔습니다.

죄송합니다. 박 부장님께서

지금 회사에 안 **계시니까** 연락처를 남겨 주세요.

✔ 지금 회사에 안 계시다	연락처를 남겨 주세요.
(1) 다음 주에 출장에서 돌아오다	다음 주에 다시 방문해 주세요.
(2) 오늘 외근을 가셨다	메모를 전해 드릴까요?
(3) 잠깐 자리를 비우셨다	여기에서 잠깐 기다려 주세요.

보기와 같이 말해 보십시오.
Let's talk like the example.

보기

어서 오세요. 어떻게 오셨어요?

김수지 과장님 좀 만나러 왔습니다.

죄송하지만 지금 통화 **중이시니까** 잠깐만 기다려 주세요.

네, 알겠습니다. 감사합니다.

과장 김수지

통화 중이시다

1.

차장 자오웨이

회의중이시다

어서 오세요. 어떻게 오셨어요?

_____ 좀 만나러 왔습니다.

죄송하지만 지금 _____ 잠깐만 기다려 주세요.

네, 알겠습니다. 감사합니다.

2.

어서 오세요. 어떻게 오셨어요?

_____ 좀 만나러 왔습니다.

죄송하지만 어제 _____ 오늘 만나실 수 없습니다. 여기에 전화번호를 남겨 주세요.

네, 알겠습니다. 감사합니다.

부장 박지원 출장중

중국에 출장 가셨다

3.

최정훈 지사장

자리에 안 계시다

어서 오세요. 어떻게 오셨어요?

_____ 좀 만나러 왔습니다.

죄송하지만 지금 _____ 나중에 다시 방문해 주세요.

네, 알겠습니다. 감사합니다.

지사장 branch manager

1. 여러분은 다른 회사를 방문했을 때 처음에 어디로 갑니까? 다음에 ✔표 하고 그곳에서 어떻게 말할지 이야기해 보십시오.

Where do you go first when you visit another company? Mark ✔ and then talk about what to say next.

☐ 사무실 ☐ 전시실 ☐ 회의실 ☐ 안내 데스크

2. 안내 데스크에서 연락이 왔습니다. 듣고 질문에 답하십시오.

You get a call from the information desk. Listen and answer the questions.

Track 22

(1) 누가 찾아왔습니까?

Who is the visitor?

① 세종은행 정은지 주임님 ② 가나무역 김희수 과장님 ③ 세종전자 최정훈 지사장님

(2) 들은 내용과 같으면 O, 다르면 X 하십시오.

Put O if the following statement is correct and X if it's wrong.

① 안내 데스크에서 전화가 왔습니다. (   )
② 박지원 부장은 지금 회사에 없습니다. (   )

3. 보기 와 같이 메모지를 채우고 대화하십시오.

Fill out the note and talk with your partner like the example.

보기

☑ 방문자: 김희수 과장(영업팀)
☑ 방문자 회사명: 가나무역
☑ 만나고 싶은 사람: 자오웨이 차장
☑ 지금 만날 수 없는 이유: 식사 중

어서 오세요. 어떻게 오셨어요?

가나무역 영업팀 과장 김희수입니다. 자오웨이 차장님 좀 만나러 왔습니다.

네. 자오웨이 차장님은 지금 점심 식사하러 나가셨으니까 잠깐만 기다려 주세요.

네, 알겠습니다.

음료수 좀 드릴까요? 어떤 음료로 드릴까요?

커피 주세요. 감사합니다.

☑ 방문자: _____
☑ 방문자 회사명: _____
☑ 만나고 싶은 사람: _____
☑ 지금 만날 수 없는 이유: _____

학습목표 Aims of the Lesson

회사의 시설을 고객에게 안내하고 고객을
응대할 수 있다.

To guide your company's facilities to your
customers and serve them.

Part 2

회사를 좀 둘러보시겠습니까?

Would you like to look around our company?

어휘 및 표현 Vocabulary and Expressions

전시실
showroom

둘러보다
look around

맞다
that's right

사용(하다)
use

시음(하다)
sample a beverage

새로 나오다
newly released

문법 Grammar

– (으)시겠습니까?

동사 뒤에 붙어서 상대방의 의향을
공손하게 물어볼 때 쓰인다.

Attached to a verb to be used when
politely asking his(her) intention.

- 택시를 **타시겠습니까?**
- 이 자리에 **앉으시겠습니까?**
- 오늘 점심 식사는 무엇으로
하시겠습니까?

• 손님이 회사에 오셨습니다.
듣고 맞는 것에 ✔표 하십시오.

A guest came to the company. Listen and mark ✔
what is right.

Track 23

☐ 여자는 남자를 안내합니다.

☐ 여자는 남자와 회의합니다.

1. 다음은 회사 안내 상황입니다. (보기)와 같이 밑줄에 들어갈 어휘를 찾아 쓰십시오.
Here are the situations of the company guidance. Complete the sentences with the words in the box. See the example.

✔ 맞다	둘러보다	사용하다	시음하다

이 상품이 새로 나온 겁니까?

보기 맞습니다.

전시실

전시실을 좀 (1)_____(으)세요.

음료수를 (2)_____아/어 보세요.

이 휴대 전화를 (3)_____아/어 보세요.

신제품

2. 다음을 보고 (보기)와 같이 대화를 만들어 보십시오.
Make dialogs. See the example below.

보기 어디를 먼저 **둘러보시겠습니까**?

전시실을 먼저 둘러보고 싶습니다.

✔ 어디	둘러보다	전시실
(1) 무엇	사용하다	신제품
(2) 누구	만나다	이민수 대리
(3) 무엇	시음하다	새로 나온 음료수

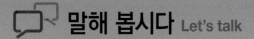
💬 보기 와 같이 말해 보십시오.
Let's talk like the example.

보기

이 제품들이 저희 회사에서 만든 가방입니다.

이게 이번에 새로 나온 겁니까?

맞습니다. 한번 들어 **보시겠습니까**?

네. <u>가벼워서 고객들이 좋아하겠어요</u>.

제안
들어 보다

예상
가볍다 /
고객들이 좋아하다

1.

 이 제품들이 저희 회사에서 만든 신발입니다.

이게 이번에 새로 나온 겁니까?

제안
신어 보다

예상
디자인이 예쁘다 /
여성 고객들이 좋아하다

맞습니다. 한번 _____?

네. _____.

---

2. 이 제품들이 저희 회사에서 만든 과자입니다.

이게 이번에 새로 나온 겁니까?

맞습니다. 한번 _____?

네. _____.

제안
드셔 보다

예상
맛있다 /
아이들이 좋아하다

---

3. 이 제품들이 저희 회사에서 만든 휴대 전화입니다.

이게 이번에 새로 나온 겁니까?

제안
사용해 보다

예상
기능이 많다 /
고객들이 좋아하다

맞습니다. 한번 _____?

네. _____.

가볍다 light　화장품 cosmetics　기능 function

1. 여러분은 회사에서 고객을 안내해 본 적이 있습니까? 고객을 안내할 때 어떻게 말합니까?
Have you ever guided a customer in your company? What do you say when you guide a customer?

2. 다음을 듣고 질문에 답하십시오.
Listen and answer the questions.

Track 24

(1) 남자는 왜 이 회사를 방문했습니까?
Why did the man visit this company?

① 아나 주임을 만나고 싶어서

② 이번에 새로 나온 제품을 보고 싶어서

③ 디자인이 예쁜 제품을 구경하고 싶어서

(2) 들은 내용과 같으면 O, 다르면 X 하십시오.
Put O if the following statement is correct and X if it's wrong.

① 이번에 새로 나온 제품은 가볍고 디자인이 예쁩니다. (   )

② 어린이가 있는 집에서 이 제품을 더 좋아합니다. (   )

3. 여러분 회사에 손님이 오셨습니다. 다음 메모를 보고 손님과 안내인이 되어 친구와 이야기하십시오.
There is a visitor in your company. See the note and talk with your friend, taking turns playing the role of a visitor and a guide.

- 방문한 사람

  이름: 자오웨이

  회사 이름과 직위: 세종전자 영업팀 차장

- 왜 방문했습니까?

  휴대 전화 신제품을 홍보하고 싶어서 방문했습니다.

회의
Meeting

회의 준비에 필요한 것을 요청할 수 있다.
To request what you need to prepare for the meeting.

Part 1

회의 자료를 복사해 줄래요?
Can you copy the meeting materials?

- **이 사람들은 무엇을 하고 있습니까?**
  What are these people doing?

- **회의할 때 어떤 것을 준비합니까?**
  What do you prepare for the meeting?

어휘 및 표현 Vocabulary and Expressions

안건
agenda

자료
materials

참석자
attendees

회의록
minutes

복사(하다)
copy

인쇄(하다)
print out

문법 Grammar

– 아/어 줄래요?

동사 뒤에 붙어서 다른 사람에게 어떤 일을 요청함을 나타낸다.

Attached to a verb to be used for asking for something.

- 볼펜 좀 **빌려 줄래요?**
- 창문 좀 **닫아 줄래요?**
- 흐엉 씨한테 **연락해 줄래요?**

1. 다음은 회의 준비 관련 어휘입니다. 보기 와 같이 밑줄에 들어갈 어휘를 찾아 쓰십시오.
Here are the vocabularies related to meeting preparation. Complete the sentences with the words in the box. See the example.

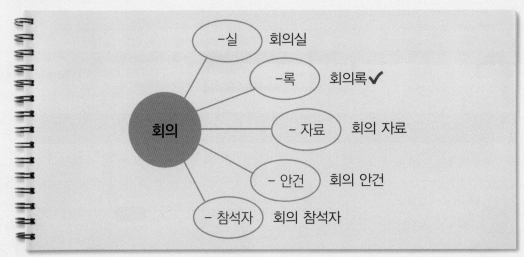

보기 회의 후에 __회의록__ 을 써야 합니다.

(1) 오늘 _____이/가 몇 명입니까?

(2) 오늘 _____은/는 제품 홍보에 대한 것입니다.

(3) 회의하기 전에 _____을/를 준비합니다.

2. 다음을 보고 보기 와 같이 대화를 만들어 보십시오.
Make dialogs. See the example below.

보기 회의 자료를 **복사해** 줄래요?
네, 알겠습니다.

✔회의 자료를 복사하다

(1)

회의록을 인쇄하다

(2)

회의실을 예약하다

(3)

회의 참석자에게 이메일을 보내다

대하다 about

말해 봅시다 Let's talk

💬 보기 와 같이 말해 보십시오.
Let's talk like the example.

보기

복사기가 고장이 났어요.

그럼 어떻게 할까요?

총무팀에 **전화해 줄래요**?

네, 알겠습니다.

> **상황** 복사기가 고장이 났다
>
> **부탁** 총무팀에 전화하다

1.

> **상황** 이 책상을 옮겨야 하다
>
> **부탁** 같이 들다

_____.

그래요? 도와줄까요?

그럼 _____?

네, 알겠습니다.

2.

_____.

영업팀하고 하는 회의요?

네. 그런데 _____?

네, 알겠습니다.

> **상황** 회의실을 예약해야 하다
>
> **부탁** 회의 시간을 다시 확인하다

3.

> **상황** 회의 자료를 복사해야 하다
>
> **부탁** 회의 자료를 컴퓨터에서 좀 찾다

_____.

그래요? 도와 드릴까요?

고마워요. _____?

네, 알겠습니다.

1. 여러분은 회의하기 전에 보통 무엇을 준비합니까?
What do you usually prepare before a meeting?

2. 다음 대화를 듣고 질문에 대답하십시오.
Listen to the conversation and answer the questions.

Track 25

(1) 남자는 왜 흐엉 씨에게 전화했습니까?
Why did the man call Huong?

① 회의 준비를 부탁하려고
② 회의 시간을 알고 싶어서
③ 회의실 위치를 물어보려고

(2) 들은 내용과 같으면 O, 다르면 X 하십시오.
Put O if the following statement is correct and X if it's wrong.

① 회의 참석자는 모두 세 명입니다.   (   )
② 흐엉 씨는 ppt와 회의 자료를 만들어야 합니다.   (   )

3. 다음 내용을 보고 동료에게 회의 준비를 부탁해 보십시오.
See the following and ask your co-worker to prepare for the meeting

참석자	자오웨이 차장, 이민수 대리, 인드라 주임, 가나무역 김희수 과장	회의 일자	06. 08.(목)
준비 자료	회의 자료 네 부, 회의록 네 부	회의 시간	오후 4:00-5:30

> **Tip**
>
> **'-아/어 줄래요?'와 '-아/어 주시겠어요?'**
>
> '-아/어 줄래요?'는 좀 더 가깝고 친한 사이에 또는 자기보다 아랫사람이나 지위가 낮은 사람에게 쓰는 표현으로 회사 내에서 같이 일하는 가까운 관계에 부탁할 때 쓸 수 있습니다. '-아/어 주시겠어요?'는 좀 더 공손하게 부탁할 때 쓸 수 있으며 예의를 지켜야 하는 관계에서 쓸 수 있습니다.
>
> '-아/어 줄래요?' is used for someone who is more friendly, younger, or lower position than you. It also can be used to ask someone who works with you with a close relationship at work. '-아/어 주시겠어요?' can be used when asking more politely and in a manner that observes the proprieties.

10 회의

Part 2

인터넷 광고를 하는 것이 어떻습니까?

How about advertising on the Internet?

학습목표 Aims of the Lesson
광고에 대한 자신의 생각을 말할 수 있다.
To express your opinion about advertising.

어휘 및 표현 Vocabulary and Expressions

설문 조사
survey

분석(하다)
analysis

비용이 들다
cost

제작(하다)
production

조사(하다)
investigation

효과적이다
be effective

문법 Grammar

–는 것

동사 뒤에 붙어서 그 동사를 명사처럼 쓰이게 한다.

Attached to a verb to make the verb used as noun.

- 버스로 가는 것이 좋아요
- 오늘 점심에 냉면을 먹는 것이 어때요?
- 비행기 표를 빨리 사는 것이 좋겠습니다.

- **위 사진은 제품 광고입니다. 무슨 제품 광고일까요?**
  The picture above is a product advertisement. What product does it advertise?

- **이 제품에는 무슨 기능이 있을까요?**
  What functions does this product have?

1. 다음은 광고를 제작하는 순서입니다. 보기 와 같이 밑줄에 들어갈 어휘를 찾아 쓰십시오.

Here is the order of ad production. Complete the sentences with the words in the box. See the example.

| 분석하다 | ✔ 조사하다 | 제작하다 | 광고하다 |

보기 고객 의견을 __조사합니다__. **(1)** 설문 조사 자료를 _____. 광고를 기획합니다.

(2) 광고를 _____. **(3)** 텔레비전에서 제품을 _____.

2. 다음에서 알맞은 것을 골라 보기 와 같이 대화를 만들어 보십시오.

Choose the appropriate expression and make a dialog as shown in the example.

설문 조사?

보기 설문 조사를 하**는 것**이 어떻습니까?

 좋습니다.

TV 광고를 제작하다

남성 고객의 의견을 듣다

✔ 설문 조사를 하다

비용이 적게 드는 광고를 기획하다

말해 봅시다 Let's talk

💬 보기 와 같이 말해 보십시오.
Let's talk like the example.

광고	장점
✔ 텔레비전 광고 라디오 광고 인터넷 광고 신문 광고	✔ 비싸지만 효과적이다 비용이 적게 들다 제작하는 것이 쉽다 많은 사람이 볼 수 있다

보기

이번에 새로 나온 자동차를 어떻게 광고할까요?

텔레비전 광고를 하는 **것**이 어떻습니까?

왜 텔레비전 광고가 좋습니까?

비싸지만 효과적입니다.

1.

 이번에 새로 나온 화장품을 어떻게 광고할까요?

_____?

왜 _____이/가 좋습니까?

_____.

2. 이번에 새로 나온 휴대 전화를 어떻게 광고할까요?

_____?

왜 _____이/가 좋습니까?

_____.

3.

 이번에 새로 나온 음료수를 어떻게 광고할까요?

_____?

왜 _____이/가 좋습니까?

_____.

라디오 radio　　새 new

1. 여러분은 어떤 집에서 살고 싶습니까?
Which house would you like to live in?

2. 김 과장과 장핑 씨의 대화입니다. 듣고 질문에 답하십시오.
It is the conversation between Kim and Zhang Ping. Listen and answer the questions.

(1) 이 대화는 무슨 광고에 대한 것입니까?
What advertisement is this conversation about?

① 공원   ② 극장   ③ 아파트

(2) 들은 내용과 같으면 ○, 다르면 ✕ 하십시오.
Put O if the following statement is correct and X if it's wrong.

① 남자는 광고를 다시 고칠 것입니다.   (   )
② 이 아파트 근처에 지하철역이 있어서 교통이 편리합니다.   (   )

3. 여러분 회사 제품에 대한 광고를 만들려고 합니다. 무엇을 강조하고 싶습니까? 강조하고 싶은 것에 대해 이야기해 보십시오.
Your company wants to create an ad for a product made by your company. What do you want to emphasize? Talk about it.

광고 하고 싶은 제품	
강조하고 싶은 것	
그 이유	

강조(하다) emphasize

어휘 및 표현　Vocabulary and Expressions

※ [1~5] 밑줄 친 부분에 알맞은 것을 고르십시오.
[1~5] Choose the appropriate answers and fill in the blanks.

1. 이 복사기는 지금 고장이 나서 _____ 없습니다.

   ① 둘러볼 수　　　　　　　② 사용할 수　　　　　　　③ 시음할 수

2. 많은 사람들이 보기 때문에 인터넷 광고가 _____.

   ① 가볍습니다　　　　　　　② 섭섭합니다　　　　　　　③ 효과적입니다

3. A: 어서 오세요. _____?
   B: 뚜언 과장님을 만나러 왔습니다.

   ① 어떻게 오셨어요
   ② 메모 남겨 드릴까요
   ③ 어디라고 전해 드릴까요

4. A: 아나 주임님이 지금 자리에 계세요?
   B: 아니요. 5분 후에 오시니까 여기에서 _____

   ① 네. 맞습니다.
   ② 어떻게 오셨어요?
   ③ 잠깐만 기다려 주세요.

5. A: 회의록 좀 복사해 줄래요?
   B: 네. _____

   ① 얼마나 할까요?
   ② 고객 의견이 필요합니다.
   ③ 회의록을 작성하겠습니다.

📝 **문법** Grammar

※ [6~9] 밑줄 친 부분에 알맞은 것을 고르십시오.

[6~9] Choose the appropriate answers and fill in the blanks.

6. A: 이 화장품이 새로 나왔습니까?

B: 네. 지금 _____?

① 써 줄래요

② 써 보시겠습니까

③ 쓰는 것이 어떻습니까

7. A: 안녕하세요? 아나 주임님을 만나고 싶은데요.

B: _____ 연락처를 남겨 주세요.

① 출장 갈 때

② 출장 간 덕분에

③ 출장 중이시니까

8. A: 흐엉 씨, 오늘 회의 자료를 _____?

B: 네. 찾아 드리겠습니다.

① 찾아 줄래요

② 찾으려고 해요

③ 찾은 적이 있습니까

9. A: 신제품 광고를 _____ 어떻습니까?

B: 네. 그게 좋겠습니다.

① 기획하려고

② 기획하는 것이

③ 기획하기 때문에

10. 다음을 듣고 알맞은 대답을 고르십시오.
Listen and choose the right answer.

Track 27

① 200만 원이 필요합니다.
② 자동차 광고를 제작합니다.
③ 텔레비전 광고가 효과적입니다.

※ [11~12] 다음을 듣고 질문에 답하십시오.
[11~12] Listen and answer the questions.

Track 28

11. 다음을 듣고 여자가 할 행동을 고르십시오.
Listen and choose what the woman will do.

① 음료수를 마십니다.
② 음료수를 가져옵니다.
③ 리야 대리를 만납니다.

12. 들은 내용과 같은 것을 고르십시오.
What is true?

① 리야 대리는 30분 후에 돌아옵니다.
② 리야 대리는 음료수를 마실 것입니다.
③ 리야 대리는 잠깐 자리를 비웠습니다.

📖 **읽기**   Reading

13. 다음을 잘 읽고 내용과 같은 것을 고르십시오.

Read carefully. What is true?

회의록

일자	02. 12. (수)	시간 및 장소	오후 1시~2시 3층 회의실	준비 자료	회의록 4부
참석자	박지원 부장, 김수지 과장, 리야 대리, 인드라 주임				
안건	신제품 홍보				

① 신제품을 홍보하려고 모였습니다.

② 회의하기 전에 ppt를 준비해야 합니다.

③ 오전에 두 시간 동안 회의를 했습니다.

※ [14~15] 다음을 읽고 물음에 답하십시오.

[14~15] Read the following and answer the questions.

> 오늘 회의 안건은 신제품 광고를 제작하는 것입니다. 제품을 광고할 때 텔레비전 광고가 제일 효과적입니다. 그 다음으로 인터넷 광고가 효과적입니다. (㉠) 텔레비전 광고는 제작 비용이 많이 듭니다. 그래서 인터넷 광고를 제작하려고 합니다. 인터넷 광고는 제작 비용이 적게 들고 많은 사람들이 볼 수 있어서 좋습니다.

14. ㉠에 들어갈 알맞은 말을 고르십시오.

Choose the appropriate word to go in the blank ㉠.

① 그래서   ② 그런데   ③ 그리고

15. 이 글의 내용과 <u>다른</u> 것을 고르십시오.

What is false?

① 신제품 광고를 제작할 겁니다.

② 인터넷 광고는 많은 사람이 볼 수 있습니다.

③ 텔레비전 광고 제작은 돈이 많이 들지 않습니다.

11 출장
Business Trip

학습목표 Aims of the Lesson
출장 계획서를 작성할 수 있다.
To prepare a business trip plan.

Part 1

출장비를 받으려면 어떻게 해야 해요?

How do I charge for travel expenses?

- **출장을 자주 갑니까?**
  Do you go on a business trip often?

- **출장을 가기 전에 무엇을 준비해야 합니까?**
  What should you prepare before going on a business trip?

어휘 및 표현 Vocabulary and Expressions

법인 카드
corporate credit card

출장 계획서
business trip plan

출장비
travel expense

출장 일정
trip schedule

출장자
traveler

출장지
destination

문법 Grammar

-(으)려면

'-(으)려고 하면'을 짧게 줄인 말로 그 일을 할 의도가 있음을 가정할 때 쓴다.

It is a shortened word of '-(으)려고 하면', and used when assuming that you intend to do it.

- 회사에 일찍 **도착하려면** 지금 나가야 합니다.
- 다른 나라에 여행 **가려면** 여권이 있어야 해요.
- 비빔밥을 **먹으려면** 한식당에 가세요.

1. 다음은 출장 관련 어휘입니다. 보기 와 같이 밑줄에 들어갈 어휘를 찾아 쓰십시오.
Here are business trip-related vocabularies. Complete the sentences with the words in the box. See the example.

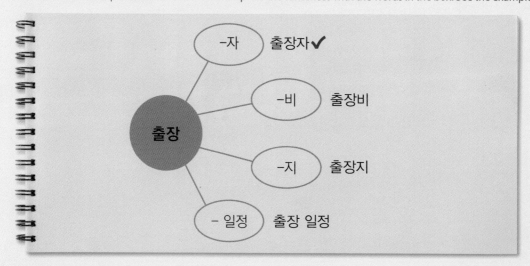

보기 이번에 출장 갈 __출장자__ 는 아나 주임입니다.

(1) 다음 달에 출장 갈 _____은/는 홍콩입니다.

(2) 이번 출장에 필요한 _____(으)로 50만 원을 받았습니다.

(3) 지난번 _____은/는 3박 4일이었습니다.

2. 다음을 보고 보기 와 같이 대화를 만들어 보십시오.
Make dialogs. See the example below.

보기 출장을 <u>가려면</u> 먼저 출장 계획서를 작성해야 해요.

 네, 알겠습니다.

✔ 출장을 가다	출장 계획서를 작성하다
(1) 항공권을 사다	출장지를 알다
(2) 출장비를 받다	총무팀에 요청하다
(3) 출장 일정을 변경하다	과장님과 의논하다

말해 봅시다 Let's talk

💬 보기 와 같이 말해 보십시오.
Let's talk like the example.

보기

박 부장님을 **만나려면** 어떻게 해야 해요?

사무실에 가 보세요.

사무실은 2층에 있지요?

네. 회의실 옆에 있어요.

질문 박 부장님을 만나다

대답 사무실에 가 보다

1.

_____ 어떻게 해야 해요?

질문 법인 카드를 받다

_____.

대답 팀장님에게 말씀하다

팀장님은 자리에 계세요?

아니요. 오늘은 휴가예요. 내일 나오세요.

2.

_____ 어떻게 해야 해요?

_____.

질문 회의실 예약을 확인하다

총무팀 전화번호가 몇 번이에요?

대답 총무팀에 전화하다

2312-5849번이에요.

3.

_____ 어떻게 해야 해요?

질문 신제품을 보다

_____.

대답 전시실에 가 보다

전시실이 어디에 있어요?

엘리베이터 앞에 있어요.

1. 여러분은 출장을 가 본 적이 있습니까? 출장을 가서 무엇을 했습니까? ✔ 표 하십시오.

Have you ever been on a business trip? What did you do on your business trip? Mark ✔ everything you have done.

☐ 회의   ☐ 거래처 방문   ☐ 전시회 준비   ☐ 기타 _____

2. 다음은 출장 계획서입니다. 다음을 읽고 질문에 답하십시오.

The following is the business trip plan. Read and answer the questions.

출장 계획서

출장자	아나 로메로 산체스	출장지	한국, 서울
출장 기간	7월 24일(목) ~ 25일(금)	출장비	65만 원
출장 목적	신제품 광고		
준비물	명함, 항공권, 법인 카드, 전시회 자료 등		

출장 일정표

날짜	시간	일정	날짜	시간	일정
7/24 (목)	08:30	베트남 하노이공항 출발	7/25 (금)	10:00	신제품 전시회
	11:05	한국 인천공항 도착		16:00	
	13:30	호텔 체크인		18:00	호텔 체크아웃
	15:00	본사 방문		20:25	한국 인천공항 출발
				00:40	베트남 하노이공항 도착

(1) 출장 일정표를 보고 맞는 것을 고르십시오.

See the schedule and choose the right answer.

① 본사에도 갈 겁니다.

② 금요일에 한국으로 돌아갑니다.

③ 전시회가 끝나기 전에 호텔 체크아웃을 합니다.

(2) 읽은 내용과 같으면 O, 다르면 X 하십시오.

Put O if the following statement is correct and X if it's wrong.

① 1박 2일 동안 출장 갑니다.   (   )

② 출장 갈 때 명함, 법인 카드가 필요합니다.   (   )

3. 출장 계획서를 써 보십시오.

Fill out the business trip plan.

출장 계획서

출장자		출장지	
출장 기간		출장비	
출장 목적			
준비물			

학습목표 Aims of the Lesson

시장 조사에 대한 의견을 제시할 수 있다.

To present an opinion on the market research.

Part 2

시장 조사를 해 봅시다

Let's do market research.

• 여러분은 설문 조사를 해 봤습니까?

Did you do a survey?

• 언제 설문 조사를 합니까?

When will we do a survey?

어휘 및 표현 Vocabulary and Expressions

선호도
preference

소비자
customers

시장 조사
market research

연령대
age group

수집(하다)
collection

예상(하다)
forecast

문법 Grammar

–(으)ㅂ시다

동사 뒤에 붙어서 같이 할 것을 제안하거나 요청에 대한 승낙을 할 때 쓴다.

Attached to a verb to suggest something to do or to accept a request.

- 내일까지 보고서를 다 **씁시다.**
- 점심에 불고기를 **먹읍시다.**
- 이번 주말에 같이 영화를 **봅시다.**

1. 다음은 시장 조사 관련 어휘입니다. 보기 와 같이 밑줄에 들어갈 어휘를 찾아 쓰십시오.
Here are market research-related vocabularies. Complete the sentences with the words in the box. See the example.

| 선호도 | ✔ 소비자 | 연령대 | 시장 조사 |

보기 이 제품을 써 본 __소비자__의 의견이 중요합니다.

(1) 신제품을 출시하기 전에 소비자가 좋아하는 색, 디자인 등을 묻는 _____을/를 합니다.

(2) 이 제품은 남성 고객들에게 _____이/가 높아서 남성들이 많이 삽니다.

(3) 제품 전시회 참석자의 _____은/는 20대와 30대가 가장 많았습니다.

2. 다음에서 알맞은 것을 골라 보기 와 같이 대화를 만들어 보십시오.
Choose appropriate expressions to make dialogs as shown in the example.

보기 <u>20대의 선호도를</u> **조사합시다.**

네, 알겠습니다.

오늘까지 발표 자료를 만들다

✔20대의 선호도를 조사하다

다음 달에 시장 조사를 하다

우리 회사 제품의 소비자 반응을
예상해 보다

💬 보기 와 같이 말해 보십시오.
Let's talk like the example.

보기

내일부터 시장 조사를 하는 것이 어떻습니까?

그럼 고객들을 만나 볼까요?

네. 고객들을 같이 **만나 봅시다**.

알겠습니다.

제안	고객들을 만나 보다
대답	같이 만나다

1.

제안	연령대의 차이를 조사하다
대답	30대와 40대를 조사하다

내일부터 시장 조사를 하는 것이 어떻습니까?

그럼 시장 조사에서 _____?

네. _____.

알겠습니다.

2. 내일부터 시장 조사를 하는 것이 어떻습니까?

그럼 _____?

네. _____.

알겠습니다.

제안	고객의 의견을 수집하다
대답	20대 의견부터 수집하다

3. 내일부터 홍콩 시장을 조사하는 것이 어떻습니까?

제안	홍콩으로 출장을 가다
대답	출장을 계획하다

그럼 _____?

네. _____.

알겠습니다.

1. 여러분은 시장 조사를 해 봤습니까? 무엇에 대한 시장 조사였습니까?
Have you done market research? What was the market research for?

2. 두 사람의 대화입니다. 듣고 질문에 답하십시오.
It's a conversation between two people. Listen and answer the questions.

Track 29

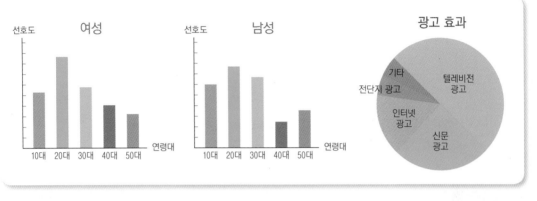

(1) 무엇에 대한 대화입니까?
What is the conversation about?

① 광고 제작 　　　　　② 시장 조사 결과 　　　　　③ 신제품 디자인

(2) 들은 내용과 같으면 O, 다르면 X 하십시오.
Put O if the following statement is correct and X if it's wrong.

① 텔레비전 광고보다 신문 광고가 더 효과적이었습니다. 　　　　（　　　）

② 신제품의 디자인이 예뻐서 20대 여성들이 좋아합니다. 　　　　（　　　）

3. 새로운 휴대 전화를 출시하고 시장 조사를 했습니다. 다음을 읽고 시장 조사 결과에 대해 말해 보십시오.
Launched a new cellphone and conducted market research Read the following and talk about the results of the market research.

소비자 반응	여성 고객보다 남성 고객의 반응이 좋다.
인기가 많은 색	흰색보다 검은색이 인기가 많다.
광고 효과	인터넷 광고가 효과적이다.

늘리다 increase

12 보고 1
Report 1

학습목표 Aims of the Lesson
간단한 구두 보고를 할 수 있다.
To simply do a verbal report.

Part 1

작거나 가벼운 상품에 관심이 많습니다

They are interested in small or light items.

- 이 사진에서 남자는 무엇을 하고 있습니까?
맞는 것에 ✔표 하십시오.
What is the man doing in this picture? Mark ✔ the correct answer.

☐ 고객을 안내합니다.

☐ 업무를 보고합니다.

☐ 고객을 응대합니다.

어휘 및 표현 Vocabulary and Expressions

자세하다
detailed

관심이 많다
have a lot of interest

보고서로 올리겠습니다
I will have a report.

수고하셨습니다
Thank you for your effort.

잘 다녀왔습니다
I'm back safely.

잘됐네요
That's great.

문법 Grammar

– 거나

동사나 형용사 뒤에 붙어서 앞의 것이나 뒤의 것 중에서 어느 것이든 선택할 수 있음을 나타낸다.

Attached to a verb or adjective to indicate that you can choose either the former or the latter.

- 저녁에 텔레비전을 **보거나** 책을 읽습니다.
- 일이 많으면 **야근하거나** 주말에 회사에 나옵니다.
- 친구와 같이 맛있는 음식을 **먹거나** 영화를 봅니다.

1. 다음은 구두 보고를 할 때 사용하는 표현입니다. 보기 와 같이 밑줄에 들어갈 표현을 찾아 쓰십시오.

The following expressions are used when reporting verbally. Complete the sentences with the expressions in the box. See the example.

| 잘됐네요 | ✔ 수고하셨습니다 | 잘 다녀왔습니다 | 보고서로 올리겠습니다 |

보기

 부장님, 출장 보고서를 이메일로 보내 드렸습니다.

네, <u>수고하셨습니다</u>.

(1)

이번 신제품에 대한 반응이 좋았습니다.

아주 _____.

(2)

 이번 달 소비자 반응은 어땠어요?

좋았습니다. 자세한 것은 _____.

(3)

부장님, 출장 _____.

네, 힘들었죠?

2. 다음을 보고 보기 와 같이 대화를 만들어 보십시오.

Make dialogs. See the example below.

보기 그쪽 시장에서는 어떤 제품이 잘 팔립니까?

크기가 작**거나** 디자인이 예쁜 제품이 잘 팔리는 것 같습니다.

✔ 크기가 작다	디자인이 예쁘다
(1) 가볍다	기능이 좋다
(2) 기능이 많다	디자인이 단순하다
(3) 디자인이 멋있다	귀엽다

색 color   크기 size

💬 말해 봅시다 Let's talk

📢 보기 와 같이 말해 보십시오.
Let's talk like the example.

보기

부장님, 출장 다녀온 보고를 드리겠습니다.

네, 잘 다녀오셨어요? 소비자 반응은 어땠어요?

 괜찮았습니다. 가격이 싸**거나** 디자인이 예쁜 제품의 반응이 더 좋았습니다.

네, 알겠습니다. 수고하셨습니다.

• 소비자 반응: 괜찮다
• 보고 내용: 가격이 싸다/
디자인이 예쁘다

1.

• 소비자 반응: 아주 좋다
• 보고 내용: 색이 예쁘다/
디자인이 귀엽다

부장님, 출장 다녀온 보고를 드리겠습니다.

네, 잘 다녀오셨어요? 소비자 반응은 어땠어요?

 _____ .
_____ 제품의 반응이 더 좋았습니다.

네, 알겠습니다. 감사합니다.

---

2. 부장님, 출장 다녀온 보고를 드리겠습니다.

네, 잘 다녀오셨어요? 소비자 반응은 어땠어요?

 _____ .
_____ 제품의 반응이 더 좋았습니다.

• 소비자 반응: 나쁘지 않다
• 보고 내용: 기능이 좋다/
속도가 빠르다

그래요? 알겠습니다. 수고하셨습니다.

3.

• 소비자 반응: 별로 안 좋다
• 보고 내용: 가격이 비싸다/
크기가 크다

 부장님, 출장 다녀온 보고를 드리겠습니다.

네, 잘 다녀오셨어요? 소비자 반응은 어땠어요?

 _____ .
_____ 제품의 반응이 더 안 좋았습니다.

그래요? 알겠습니다. 수고하셨습니다.

1. 여러분은 출장 보고서에 무엇을 씁니까? 보고할 때 무엇이 어렵습니까?
What do you write on the travel report? What is difficult when reporting?

2. 출장 보고서를 읽고 질문에 대답하십시오.
Read the travel report and answer the questions.

출장 보고서

기간: 9월 8일(월) ~ 9월 11일(목)　　　출장지: 무역 전시장　　　보고자: 인드라 위자야

보고 내용　• 무역 전시장에는 여러 나라의 휴대 전화가 전시되었음.
　　　　　　　- 특히 중국과 미국 회사 제품이 많았음.
　　　　　• 젊은 여성 고객들이 우리 회사 신제품에 관심이 많았음.
　　　　　• 기능이 많거나 속도가 빠른 제품에 관심이 많았음.

(1) 무엇에 대한 보고입니까?
What is the report about?

① 시장 조사　　　　　② 무역 전시장 출장　　　　　③ 여성 고객 반응

(2) 위의 보고 내용과 같으면 ○, 다르면 ✕ 하십시오.
Put O if the following statement is correct and X if it's wrong.

① 고객들은 기능이 많고 속도가 빠른 제품을 좋아했다.　　　　(　　　)
② 젊은 여성 고객들은 이 회사 제품에 관심이 별로 없었다.　　　(　　　)

3. 다음 출장 보고서를 완성하고 보고해 보십시오.
Complete the following travel report and report it.

출장 보고서

기간: 9월 8일(월) ~ 9월 11일(목)　　　출장지: 게임 전시장　　　보고자: 리야 샤르마

보고 내용　• 젊은 사람들은 인터넷 게임에 관심이 아주 높았음.
　　　　　• _____
　　　　　• _____

학습목표 Aims of the Lesson
업무 일지를 작성하여 보고할 수 있다.
To prepare and report a daily work log.

Part 2

내일까지 보고서를 올리기로 했습니다

I decided to give my report by tomorrow.

- **보고서를 쓸 때 어떤 내용이 필요합니까? 맞는 것에 ✔표 하십시오.**
  What do you need to write a report? Mark ✔ them.

  ☐ 보고서 제목   ☐ 보고서를 쓴 날짜
  ☐ 보고하는 사람의 부서   ☐ 보고서를 쓴 사람 이름

어휘 및 표현 Vocabulary and Expressions

결재란
approval

업무 일지
daily work log

작성일
reporting date

작성자
preparing person

제목
title

물론이지요
certainly

문법 Grammar

– 기로 하다

동사 뒤에 붙어서 그 일을 할 것을 결정하거나 결심했음을 나타낸다.

Attached to a verb to indicate that it has been decided to do it.

- 회사 야유회는 가을에 **가기로** 합시다.
- 여름휴가에 가족들과 한국에 여행 **가기로** 했어요.
- 우리 회사 사람들은 창립기념일에 모두 양복을 **입기로** 했어요.

1. 다음은 업무 일지의 한 부분입니다. 보기 와 같이 밑줄에 들어갈 어휘를 찾아 쓰십시오.

The following is part of the daily work log. Complete the sentences with the words in the box. See the example.

✔결재란

업무 일지	결재	담당	부장	사장
제목	출장 업무 보고	작성일		20○○년 11월 15일
부서명	영업팀	작성자		김민우 대리
1.				
2.				

보기 ___결재란___ 에는 보고서를 쓴 사람과 확인하는 사람이 있습니다.

(1) _____은/는 보고서를 쓴 사람입니다.

(2) _____은/는 보고서를 쓴 날짜입니다.

(3) 보고서 윗부분에는 보고서의 내용을 알려 주는 _____을/를 적습니다.

2. 다음을 보고 보기 와 같이 대화를 만들어 보십시오.

Make dialogs. See the example below.

  내일까지 보고서를 제출하**기로 했어요**.
좀 도와주시겠어요?

　　　　　　　　물론이지요. 도와 드릴게요.

✔ 보고서를 제출하다

(1)

출장 계획서를 작성하다

(2)

홍보 기획서를 만들다

(3)

거래처에 이메일을 보내다

💬 보기 와 같이 말해 보십시오.

Let's talk like the example.

보기

언제까지 보고서를 써야 해요?

다음 주 월요일까지 쓰**기로 했어요.**

보고서를 쓴 후에 결재란에 먼저 부장님의 서명을 받으세요.

네, 알겠습니다.

결재란에 먼저 서명 받다

다음 주 월요일까지 쓰다

1.

회의 내용을 꼭 확인하다

내일까지 작성하다

언제까지 회의록을 작성해야 해요?

_____.

회의록을 작성하기 전에 _____.

네, 알겠습니다.

2. 언제까지 출장 계획서를 써야 해요?

_____.

출장 계획서를 쓰기 전에 _____.

네, 알겠습니다.

수요일까지 쓰다

출장 일정을 꼭 확인하다

3.

과장님께 먼저 확인하다

오늘까지 정하다

언제까지 회의 안건을 정해야 해요?

_____.

회의 안건을 정하기 전에 _____.

네, 알겠습니다.

1. 업무 일지를 작성할 때 필요한 내용은 무엇입니까? ✔ 표 하고 이야기해 보십시오.

What do you need when writing a daily work log? Mark ✔ and talk about it.

☐ 제목   ☐ 작성자   ☐ 작성일   ☐ 거래처 이름

2. 다음 업무 일지를 읽고 질문에 답하십시오.

Read the following and answer the question.

업무 일지		결재	담당	부장	사장
제목	업무 보고	**작성일**		20○○년 11월 15일(월)	
부서 명	영업팀	**작성자**		자오웨이 차장	

1. 출장 보고서를 작성했습니다.
2. 박지원 부장님께 홍보팀에서 온 홍보 기획서를 보내 드렸음.
3. 거래처에서 주문 받은 제품을 내일까지 보내 주기로 했음.

(1) 누가 업무 일지를 작성했습니까? Who made the daily work log?

(2) 업무 일지의 내용과 같은 것은 무엇입니까?

What is true?

① 이 업무 일지는 인사팀 대리가 작성했습니다.

② 홍보팀에 홍보 기획서를 보내 주기로 했습니다.

③ 주문 받은 제품을 내일까지 거래처에 보내 주기로 했습니다.

3. 여러분은 오늘 무슨 일을 했습니까? 다음 업무 일지를 작성해 보십시오.

What did you do today? Fill out the following log.

업무 일지		결재	담당	부장	사장
제목		**작성일**			
부서 명		**작성자**			

1.
2.
3.

> **Tip**
>
> **상사에게 보고할 때** When reporting to your boss
>
> 직장에서 상사에게 업무를 보고할 때는 보통 서면으로 하지만 경우에 따라서 직접 구두 보고를 하거나 전화나 이메일 등을 사용해서 보고하기도 합니다. 보고의 종류에는 정해진 시기에 규칙적으로 하는 정기 보고, 필요에 따라 임시로 하는 임시 보고, 특별한 업무에 대해 내용을 전달하는 특별 보고가 있습니다.
>
> When people report a job to their boss, they usually do it in writing, but sometimes do it orally, or by phone or email. The types of report include regular report at regular times, interim report as needed, and special report that conveys information about special tasks.

주문 order

복습 6
Review 6

📖 **어휘 및 표현** Vocabulary and Expressions

※ [1~5] 밑줄 친 부분에 알맞은 것을 고르십시오.

[1~5] Choose the appropriate answers and fill in the blanks.

1. 출장을 가려면 먼저 _____을/를 제출해야 합니다.

① 입사 지원서　　　　　　② 출장 계획서　　　　　③ 휴가 신청서

2. 신제품을 출시하기 전에 소비자 의견을 분석하려면 _____이/가 필요하다.

① 시장 조사　　　　　　② 비용 분석　　　　　③ 신제품 교육

3. A: 과장님, 말씀하신 보고서를 다 썼습니다.
　　B: 네. _____.

① 잘됐네요
② 수고했습니다
③ 잘 다녀왔습니다

4. A: 회의록을 내일까지 제출하기로 했는데 좀 도와주시겠어요?
　　B: _____.

① 물론입니다
② 괜찮습니다
③ 별말씀을요

5. A: 이번 전시회의 분위기는 어떻습니까?
　　B: 신제품이 많았습니다. 기능이 많고 가격이 싼 제품에 관심이 많았습니다.
　　A: 그래요? 자세한 것은 _____.

① 사무실에 전화하세요
② 보고서로 올려 주세요
③ 안내 데스크에 물어보세요

📝 **문법**　Grammar

※ [6~9] 밑줄 친 부분에 알맞은 것을 고르십시오.

[6~9] Choose the appropriate answers and fill in the blanks.

6. A: 보고서는 어떻게 작성해야 합니까?

B: 보고서를 잘 _____ 보고 내용을 잘 이해해야 합니다.

① 쓰려고

② 쓰려면

③ 쓰기 때문에

7. A: 흐엉 씨는 주말에 보통 뭐 해요?

B: _____ 집에서 쉬어요.

① 친구를 만나지만

② 친구를 만나거나

③ 친구를 만나니까

8. A: 신제품에 대한 소비자 선호도를 잘 모르겠습니다.

B: 그러면 시장 조사를 _____.

① 해 봅시다

② 하려고 합니다

③ 한 적이 있습니다

9. A: 박지원 부장님과 언제 출장 _____?

B: 내일 갈 거예요.

① 가는 편입니까

② 가기로 했습니까

③ 간 적이 있습니까

🎧 듣기 Listening

10. 다음을 듣고 알맞은 대답을 고르십시오.
Listen and choose the right answer.

Track 30

① 아니요. 아직 못 썼어요.

② 맞습니다. 출장 일정을 좀 변경하려고 합니다.

③ 별말씀을요. 내일 출장 계획서를 작성해야 해요.

※ [11~12] 다음을 듣고 질문에 답하십시오.
[11~12] Listen and answer the questions.

Track 31

11. 여자가 남자에게 보고하는 이유를 고르십시오.
Choose why the woman reports to the man.

① 신제품 홍보 방법을 출장 가서 알아보려고

② 업무 회의에서 신제품에 대한 의견이 있었기 때문에

③ 시장 조사에서 신제품에 대한 반응을 조사했기 때문에

12. 들은 내용과 같은 것을 고르십시오.
What is true?

① 여성들이 휴대 전화로 게임을 합니다.

② 여성들이 인터넷 쇼핑을 별로 안 합니다.

③ 젊은 사람들이 신제품에 관심이 많지 않았습니다.

📖 **읽기** **Reading**

13. 다음을 잘 읽고 내용과 <u>다른</u> 것을 고르십시오.

Read carefully. What is false?

출장 계획서				
출장자	팜 투 흐엉		출장지	태국(방콕)
출장 기간	11월 9일(목)~11월 10일(금)			
출장 목적	태국 시장 조사			
출장 일정	11/9(목) 　　08:30　하노이 공장 출발 　　10:30　방콕공항 도착 　　15:30　방콕 백화점 방문 　　18:00　고객 초대 행사 참석		11/10(금) 　　09:00　고객 회사 방문 　　13:00　방콕 시장 방문 　　17:00　방콕공항 출발 　　19:00　하노이공항 도착	

① 흐엉 씨는 1박 2일 동안 출장을 갑니다.

② 흐엉 씨는 중국에서 하는 전시회에 참석했습니다.

③ 흐엉 씨는 목요일에 방콕에 있는 백화점을 방문할 겁니다.

※ **[14~15]** 다음을 읽고 물음에 답하십시오.

[14~15] Read and answer the questions.

　　뚜언 씨는 중국의 시장을 조사하려고 2박 3일 동안 출장을 다녀왔습니다. 중국의 젊은 사람들은 가격이 싸거나 디자인이 예쁜 상품을 좋아했습니다. 뚜언 씨는 출장을 다녀와서 그 다음 날까지 보고서를 제출하기로 했습니다. 그러나 보고서를 작성하는 것은 어려운 일이었습니다. 그때 김 과장님이 도와주셔서 보고서를 잘 작성해서 제출할 수 있었습니다. 그래서 도와주신 김 과장님께 말씀드렸습니다. "김 과장님, ㉠_____."

14. ㉠에 들어갈 알맞은 말을 고르십시오.

Choose the appropriate word to go in the blank ㉠.

① 고맙습니다　　　　　　② 수고했습니다　　　　　　③ 잘 다녀왔습니다

15. 이 글의 내용과 같은 것을 고르십시오.

What is true?

① 뚜언 씨는 보고서를 작성하는 것이 어려웠습니다.

② 뚜언 씨는 시장 조사를 하려고 태국에 다녀왔습니다.

③ 뚜언 씨는 출장을 다녀와서 보고서를 제출하지 않았습니다.

부록

듣기 대본
Listening Script

정답
Answers

문법 설명
Grammar Explanation

동사/형용사 활용표
Verbs/Adjectives Table

어휘 및 표현 색인
Vocabulary & Expressions Index

듣기 파일 목차
Table of Files for Listening

듣기 대본

Part 2 해 봅시다 (31쪽)　　　　　　　Track 01

2. 다음을 듣고 질문에 답하십시오.

남: 안녕하세요? 이름이 무엇입니까?
여: 팜 투 흐엉입니다.
남: 흐엉 씨는 인턴 경험이 있습니까?
여: 네. 박물관에서 해 봤습니다.
남: 한국어를 할 수 있습니까?
여: 네. 한국어로 업무가 가능합니다.
남: 영어도 잘합니까?
여: 읽을 수는 있지만 문서 작성이나 상담 업무
　　는 좀 힘듭니다.
남: 알겠습니다.
여: 감사합니다. 안녕히 계세요.

복습 1 1~2과

🎧 듣기 (34쪽)　　　　　　　　　　Track 02

10. 다음을 듣고 알맞은 대답을 고르십시오.

여: 입사하면 어떤 일을 하고 싶습니까?

　　　　　　　　　　　　　　　　Track 03

11~12. 다음을 듣고 질문에 답하십시오.

여: 안녕하세요? 이름이 무엇입니까?
남: 장핑입니다.
여: 인턴 경험이 있습니까?
남: 네. 여행사에서 1년 동안 인턴을 했습니다.
여: 한국어는 얼마나 할 수 있습니까?
남: 3년 동안 한국어를 배워서 잘할 수 있습니다.
여: 입사하면 한국어로 회의하고 발표도 해야 합
　　니다. 할 수 있습니까?
남: 네, 잘할 수 있습니다.
여: 알겠습니다.
남: 감사합니다.

4과 인사

Part 1 도입 (44쪽)　　　　　　　　Track 04

여러분은 자신을 어떻게 소개합니까? 듣고 맞는
것에 ✔표 하십시오.

남: 안녕하십니까? 이번에 입사한 장핑입니다.
　　저는 꼭 이 회사에 입사하고 싶었습니다. 많
　　이 가르쳐 주십시오. 열심히 배우겠습니다.

Part 1 해 봅시다 (47쪽)　　　　　　Track 05

2. 다음을 듣고 질문에 답하십시오.

남: 우리 홍보팀에 입사한 신입 사원을 소개하겠
　　습니다. 이 분은 티후 후완 씨입니다. 모두 환
　　영해 주세요. 후완 씨, 인사하세요.
여: 안녕하십니까? 신입 사원 티후 후완입니다.
　　제가 일하고 싶은 회사에 와서 정말 행복합
　　니다. 한국 회사에서 일한 경력은 없지만 대
　　학교에서 한국어를 전공해서 한국말을 할 수
　　있습니다. 맡은 업무에 최선을 다하겠습니다.
　　열심히 배워서 우리 부서에 도움이 되는 사람
　　이 됐으면 좋겠습니다. 잘 부탁드립니다.
남: 자, 그럼 후완 씨는 저기 이민수 대리 옆에 앉
　　으세요.

복습 2 3~4과

🎧 듣기 (54쪽)　　　　　　　　　　Track 06

10. 다음을 듣고 알맞은 대답을 고르십시오.

여: 흐엉 씨는 어느 부서에서 일해요?

　　　　　　　　　　　　　　　　Track 07

11~12. 다음을 듣고 질문에 답하십시오.

여: 여러분, 이번에 영업팀에 들어온 신입 사원
　　왕카이 씨입니다.
남: 안녕하십니까? 저는 중국에서 온 왕카이입니
　　다. 세종전자에 입사해서 정말 기쁩니다. 저
　　는 사람들과 만나면 즐겁습니다. 그래서 입

사하면 사람들을 많이 만날 수 있는 영업팀에서 일하고 싶었습니다. 그리고 저는 대학교에서 한국어를 전공했기 때문에 한국어를 잘할 수 있습니다. 앞으로 잘 부탁드립니다.

5과　회사 생활

Part1 해 봅시다 (59쪽)　`Track 08`

2. 다음은 흐엉 씨의 하루입니다. 듣고 질문에 답하십시오.

여: 저는 보통 아침 여섯 시에 일어나서 여덟 시까지 출근합니다. 그리고 일을 시작하기 전에 휴게실에서 커피를 한 잔 마십니다. 오늘은 오전 열 시에 회의가 있어서 아홉 시 삼십 분부터 회의를 준비했습니다. 회의 시작하기 전에 회의실도 예약하고 음료수도 준비했습니다. 점심은 이민수 대리님하고 같이 먹었습니다. 그리고 보고서를 제출해야 돼서 세 시부터 보고서를 작성했습니다. 가끔 야근할 때도 있지만 오늘은 다섯 시에 퇴근했습니다. 집에 가기 전에 서점에서 한국어 책을 샀습니다. 한국어를 잘해서 나중에 서울 본사에서 일하고 싶습니다.

Part2 도입 (60쪽)　`Track 09`

무슨 모임입니까? 듣고 맞는 것에 ✔표 하십시오.

여: 여보세요, 흐엉 씨? 나 김수지 과장이에요. 우리 회사 봉사 활동 모임에 들어올 생각 있어요? 몸이 아픈 사람이나 나이가 많은 사람들을 도와줘요. 한 달에 두 번 식사 준비도 하고 청소도 해요. 같이 하고 싶으면 연락하세요.

6과　일상생활

Part2 도입 (68쪽)　`Track 10`

여러분은 주말에 무엇을 합니까? 듣고 질문에 답하십시오.

남: 흐엉 씨, 주말에 뭐 할 거예요?

여: 아직 잘 모르겠어요.

남: 그러면 주말에 등산할까요?

여: 네, 좋아요.

Part2 해 봅시다 (71쪽)　`Track 11`

2. 다음은 뚜언 씨의 주말 이야기입니다. 듣고 질문에 답하십시오.

남: 저는 지난 주말에 가족들과 같이 스포츠 경기를 관람했어요. 제 동생이 좋아해서 같이 갔어요. 경기도 보고 맛있는 음식도 먹었어요. 가족들과 같이 신나게 응원을 해서 스트레스가 다 풀렸어요. 경기가 끝나고 근처 식당에 저녁을 먹으러 갔어요. 그 식당은 유명해서 작년에 친구들과 한번 가 본 적이 있어요. 저녁을 먹은 후에는 가족들과 이야기를 많이 했어요. 정말 즐거웠어요.

복습 3　5~6과

🎧 듣기 (74쪽)　`Track 12`

10. 다음을 듣고 알맞은 대답을 고르십시오.

여: 콘서트에 가 본 적이 있어요?

`Track 13`

11~12. 다음을 듣고 질문에 답하십시오.

남: 흐엉 씨, 지금 바빠요?

여: 아니요. 뭘 도와 드릴까요?

남: 네 시에 회의가 있는데 음료수 좀 준비해 주세요.

여: 네, 알겠습니다. 회의 인원을 확인한 후에 준비하겠습니다. 그리고 또 뭘 도와 드릴까요?

남: 퇴근하기 전에 내일 일정 좀 확인해 주세요.

7과　업무 전화

Part1 도입 (76쪽)　`Track 14`

다음은 전화 대화입니다. 듣고 맞는 것에 ✔표 하십시오.

여: 여보세요, 거기 세종전자죠? 자오웨이 차장

님 계십니까?

남: 지금 안 계신데요. 실례지만 어디십니까?

여: 가나무역 영업팀 미셸입니다.

남: 차장님은 회의하러 가셨습니다. 30분 후에 다시 전화 주세요.

Part 1 해 봅시다 (79쪽)   `Track 15`

2. 다음을 듣고 질문에 답하십시오.

여1: 세종전자입니다.

여2: 뚜언 과장님 계신가요?

여1: 잠깐만 기다리세요.

(잠시 후)

남: 네, 전화 바꿨습니다.

여2: 저는 서울광고 강미나입니다. 회의 시간 때문에 전화했습니다. 저희 회의가 수요일 오후 4시였지요? 그런데 제가 외근을 가야 돼서 시간을 좀 당기고 싶습니다. 2시는 어떠세요?

남: 죄송합니다. 2시에는 다른 부서하고 회의가 있어서 조금 어렵습니다. 3시는 어떠세요?

여2: 네, 좋습니다. 그럼 수요일 3시에 찾아뵙겠습니다.

남: 네, 알겠습니다.

Part 2 말해 봅시다 (82쪽)   `Track 16`

대화를 듣고 `보기` 처럼 메모해 보십시오.

`보기` 남: 여보세요, 인사팀 대리 이민수입니다. 뚜언 과장님 계십니까?

여: 통화 중이십니다. 메모 남겨 드릴까요?

남: 네. 내일 점심 약속 시간을 확인하려고 전화했습니다.

1. 남: 여보세요, 리야 대리님 계십니까?

여: 지금 안 계십니다. 메모 남겨 드릴까요?

남: 네. 저는 영업팀 차장 자오웨이입니다. 우리 회사 텔레비전 가격을 알고 싶어서 전화했습니다.

2. 여: 여보세요, 아나 주임님 계십니까?

남: 지금 안 계십니다. 메모 남겨 드릴까요?

여: 네. 서울광고 강미나입니다. 신제품 광고

내용을 결정해야 해서 전화했습니다.

남: 네, 알겠습니다. 메모 전해 드릴게요.

3. 남: 여보세요, 박지원 부장님 계십니까?

여: 출장 중이십니다. 메모 남겨 드릴까요?

남: 네. 가나무역 과장 김희수입니다. 내일 오전에 외근이 있어서 회의 시간을 변경했으면 좋겠습니다.

여: 네, 알겠습니다. 메모 전해 드리겠습니다.

Part 2 해 봅시다 (83쪽)   `Track 17`

2. 거래처와의 전화 대화입니다. 다음을 듣고 질문에 답하십시오.

여: 연구개발팀 이수미입니다.

남: 안녕하세요? 저는 구매팀 주임 인드라입니다. 김수지 과장님 계십니까?

여: 죄송하지만 지금 출장 중이십니다.

남: 실례지만 언제쯤 오세요?

여: 이번 주 수요일에 오세요. 메모 남겨 드릴까요?

남: 네. 신제품 디자인을 변경했으면 좋겠습니다. 회의 때 말씀하신 디자인은 제작에 돈이 많이 들어서 할 수 없습니다.

여: 네, 전해 드리겠습니다.

남: 감사합니다.

8과   **휴가**

Part 1 도입 (84쪽)   `Track 18`

여러분은 휴가에 무엇을 합니까? 듣고 맞는 것에 ✔표 하십시오.

남: 이번 여름에 좋은 계획이 있어요?

여: 네. 이번 휴가에는 제주도에 갈 거예요.

남: 누구하고 갈 거예요?

여: 부모님하고 같이 갈 거예요.

복습 4 7~8과

🎧 **듣기** (94쪽)   `Track 19`

10. 다음을 듣고 알맞은 대답을 고르십시오.

남: 밤 10시에 체크인해도 돼요?

`Track 20`

11~12. 다음을 듣고 질문에 답하십시오.

여: 세종전자 총무팀 리야입니다.

남: 안녕하세요? 저는 가나무역 과장 김희수입니다. 박지원 부장님 계십니까?

여: 죄송하지만 지금 외출 중이십니다.

남: 실례지만 언제쯤 돌아오세요?

여: 오후 3시에 돌아옵니다. 메모 남겨 드릴까요?

남: 네, 회의 장소 때문에 전화했습니다. 서울호텔을 예약하지 못해서 한강호텔로 장소를 바꾸려고 합니다.

여: 네, 전해 드리겠습니다.

9과 고객 응대

Part 1 도입 (96쪽)   `Track 21`

남자는 왜 이곳에 왔습니까? 듣고 맞는 것에 ✔ 표 하십시오.

남: 안녕하세요? 저는 가나무역회사 인사팀 과장 김철수입니다. 오늘 10시에 이영민 부장님과 약속이 있어서 왔습니다.

Part 1 해 봅시다 (99쪽)   `Track 22`

2. 안내 데스크에서 연락이 왔습니다. 듣고 질문에 답하십시오.

여: 안녕하세요? 안내 데스크입니다. 영업팀입니까?

남: 네, 그런데요.

여: 가나무역 김희수 과장님께서 박지원 부장님을 만나러 오셨습니다. 부장님 계십니까?

남: 잠깐만 기다리세요.

여: 네, 알겠습니다.

(잠시 후)

남: 저, 박 부장님께서는 지금 회의실에서 회의 중이시니까 손님을 부장실로 안내해 주세요.

여: 네, 알겠습니다.

남: 감사합니다.

Part 2 도입 (100쪽)   `Track 23`

손님이 회사에 오셨습니다. 듣고 맞는 것에 ✔표 하십시오.

여: 김영수 팀장님, 어서 오세요.

남: 네, 안녕하세요?

여: 회의실로 안내해 드리겠습니다. (잠시 후) 여기가 회의실입니다.

Part 2 해 봅시다 (103쪽)   `Track 24`

2. 다음을 듣고 질문에 답하십시오.

여: 안녕하세요? 처음 뵙겠습니다. 저는 홍보팀 주임 아나 산체스입니다.

남: 네, 안녕하세요? 저는 가나무역 영업팀 최영석입니다. 이번에 나온 냉장고를 보고 싶어서 왔습니다.

여: 아, 그러세요? 그럼 말씀하신 신제품부터 구경해 보시겠습니까? 이쪽으로 오세요.
(뚜벅뚜벅 발걸음 소리) 여기는 저희 회사 전시실입니다.

남: 이게 이번에 새로 나온 제품입니까?

여: 네, 맞습니다. 이번 신제품은 가볍고 디자인도 예뻐서 반응이 좋습니다.

남: 네, 그렇군요. 특히 혼자 사는 여성 고객들에게 인기가 많겠어요. 다른 제품도 볼 수 있어요?

여: 네, 그럼요. 이쪽으로 오십시오.

10과 회의

Part 1 해 봅시다 (107쪽)   `Track 25`

2. 다음 대화를 듣고 질문에 답하십시오.

남: 여보세요, 흐엉 씨?

여: 네.

남: 부탁이 있어서 전화했어요. 회의실 좀 예약해

줄래요?

여: 네. 참석자가 몇 명이에요?

남: 저와 리야 대리, 서울광고 강미나 씨예요.

여: 그럼 모두 세 분이죠? 회의는 몇 시예요?

남: 오후 2시부터 4시까지요. ppt 작성 일자도 오늘로 고쳐 줄래요?

여: 신제품 ppt 맞지요?

남: 네. 회의록과 회의 자료도 세 부 복사해 주세요.

여: 알겠습니다.

Part 2 해 봅시다 (111쪽)　　　　Track 26

2. 김 과장과 장핑 씨의 대화입니다. 듣고 질문에 답하십시오.

남: 과장님, 이게 이번에 새로 만든 광고입니다. 한번 보시겠습니까?

여: 네, 보여 주세요.

남: 이 아파트 근처에 지하철역이 있어서 이 광고에서는 교통이 편리한 것을 강조했습니다.

여: 아, 그리고 아파트 옆에 공원도 보여 주는 것이 어떨까?

남: 그럼 공기가 좋은 것도 강조할까요?

여: 네. 그렇게 다시 제작해 주세요.

남: 네, 알겠습니다.

복습 5　　9~10과

🎧 **듣기** (114쪽)　　　　Track 27

10. 다음을 듣고 알맞은 대답을 고르십시오.

여: 광고 제작 비용이 얼마나 듭니까?

Track 28

11~12. 다음을 듣고 질문에 답하십시오.

여: 어서 오세요. 어떻게 오셨어요?

남: 리야 샤르마 대리님을 만나러 왔습니다.

여: 잠깐 자리를 비우셨습니다.

남: 실례지만 언제쯤 돌아오세요?

여: 20분 후에 오세요.

남: 그럼 기다리겠습니다.

여: 음료수 좀 드릴까요?

남: 네, 감사합니다.

11과　　출장

Part 2 해 봅시다 (123쪽)　　　　Track 29

2. 두 사람의 대화입니다. 듣고 질문에 답하십시오.

남: 이번 신제품 시장 조사 결과가 어떻습니까?

여: 소비자 반응이 좋은 편입니다. 디자인이 예뻐서 20대 여성의 선호도가 높습니다.

남: 광고는 어떻습니까?

여: 신문 광고보다 텔레비전 광고가 더 효과적인 것 같습니다.

남: 그래요? 이유가 뭡니까?

여: 20대가 신문보다 텔레비전을 더 많이 보기 때문입니다.

남: 그럼 텔레비전 광고를 더 늘립시다.

여: 네, 알겠습니다.

복습 6　　11~12과

🎧 **듣기** (134쪽)　　　　Track 30

10. 다음을 듣고 알맞은 대답을 고르십시오.

여: 이 대리님, 출장 계획서를 작성하셨어요?

Track 31

11~12. 다음을 듣고 질문에 답하십시오.

여: 박 부장님, 시장 조사 보고를 드리겠습니다.

남: 우리 회사에서 새로 나온 휴대 전화에 대한 반응이 어떻습니까?

여: 좋았습니다. 기능이 많아서 젊은 사람들이 특히 좋아했습니다.

남: 그래요? 잘됐네요.

여: 여성들도 휴대 전화로 게임도 하고 인터넷 쇼핑도 자주 해서 반응이 좋았습니다.

남: 수고하셨습니다. 자세한 것은 보고서로 올려 주세요.

정답

Part 1

연습해 봅시다 (17쪽)

1. (1) 면접   (2) 입사합니다
(3) 근무합니다

2.

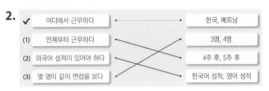

(1) 언제부터 근무합니까
    4주 후나 5주 후부터 근무합니다
(2) 외국어 성적이 있어야 합니까
    한국어 성적이나 영어 성적이 있어야 합니다
(3) 몇 명이 같이 면접을 봅니까
    3명이나 4명이 같이 면접을 봅니다

말해 봅시다 (18쪽)

1. 면접을 봐야 합니다
3일 후나 4일 후에 면접을 봅니다

2. 한국에서 근무해야 합니다
서울이나 경주에서 근무합니다

3. 한국어를 잘해야 합니다
2급이나 3급이 있어야 합니다

해 봅시다 (19쪽)

2. (1) ①   (2) ① ○ ② ✕

Part 2

연습해 봅시다 (21쪽)

1. (1) 연락처   (2) 학력
(3) 경력

2. (1) 인턴을 했습니까
     1년 4개월 동안 했습니다
(2) 봉사 활동을 했습니까
     6주 동안 했습니다
(3) 아르바이트를 했습니까

한 달 동안 했습니다

말해 봅시다 (22쪽)

1. 중국의 대학교에서 중국어를 배웠습니다
1년 6개월 동안 배웠습니다

2. 박물관에서 봉사 활동을 했습니다
한 달 동안 했습니다

3. 한국건설에서 인턴을 했습니다
6주 동안 했습니다

해 봅시다 (23쪽)

2. (1) ②   (2) ① ○ ② ✕

Part 1

연습해 봅시다 (25쪽)

1. (1) 개발합니다   (2) 생산합니다
(3) 홍보합니다

2. (1) 개발한   (2) 기획하는
(3) 홍보할

말해 봅시다 (26쪽)

1. 회사에서 일한
무역 회사에서 일한 경험이 있습니다
회사 제품을 생산하는 일을 하고 싶습니다

2. 봉사 활동을 한
서울외국인센터에서 봉사 활동을 한 경험이
있습니다
회사를 홍보하는 일을 하고 싶습니다

3. 인턴을 한
서울식품에서 인턴을 한 경험이 있습니다
신제품을 개발하는 일을 하고 싶습니다

해 봅시다 (27쪽)

1. ☑ 경험   ☑ 학력   ☑ 하고 싶은 일

2. (1) ① ✕ ② ○

(2)

졸업한 학교	잘하는 것	하고 싶은 업무
한국대학교	한국어 읽기와 쓰기	신제품이나 회사를 홍보하는 업무

Part 2

연습해 봅시다 (29쪽)

1. (1) 작성합니다   (2) 발표합니다
(3) 상담합니다

2. (1) 한국어로 보고할 수 있습니까
네. 한국어로 보고할 수 있습니다
(2) 한국어를 잘 들을 수 있습니까
아니요. 한국어를 잘 들을 수 없습니다
(3) 한국어 문서를 만들 수 있습니까
네. 한국어 문서를 만들 수 있습니다

말해 봅시다 (30쪽)

1. 한국어를 이해할 수 있습니까
한국어를 이해할 수 있습니다
한국어로 문서도 작성할 수 있습니까

2. 한국어로 발표할 수 있습니까
한국어로 발표할 수 있습니다
고객과 한국어로 전화 상담할 수 있습니까

3. 한국어로 이메일을 쓸 수 있습니까
한국어로 이메일을 쓸 수 있습니다
영어로 이메일을 쓸 수 있습니까

해 봅시다 (31쪽)

2. (1) ①   (2) ① ○   ② ✕

복습 1   1~2과

어휘 및 표현 (32쪽)

1. ③   **2.** ③   **3.** ②   **4.** ②   **5.** ③

문법 (33쪽)

6. ①   **7.** ③   **8.** ③   **9.** ②

듣기 (34쪽)

10. ③   **11.** ②   **12.** ①

읽기 (35쪽)

13. ②   **14.** ③   **15.** ①

3과   부서와 직급

Part 1

연습해 봅시다 (37쪽)

1. (1) 인사팀   (2) 영업팀
(3) 홍보팀

2. • 사원을 교육하기 때문에 인사팀
• 신제품이 나오기 때문에 영업팀
• 신제품을 개발하기 때문에 연구개발팀

말해 봅시다 (38쪽)

1. 뚜언 과장이 총무팀에 전화를 했어요
했어요
월급이 아직 안 나왔기 때문에 전화를 했어요

2. 인사팀 흐엉 씨가 바빠요
바빠요
사원 교육이 있기 때문에 바빠요

3. 연구개발팀이 회의를 많이 해요
많이 해요
신제품을 기획하기 때문에 회의를 많이 해요

해 봅시다 (39쪽)

2. (1)

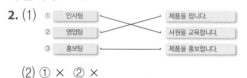

(2) ① ✕   ② ✕

Part 2

연습해 봅시다 (41쪽)

1. (1) 과장   (2) 차장
(3) 부장

2. (1) 바쁜 편입니다   (2) 일하는 편입니다
(3) 좋은 편입니다

말해 봅시다 (42쪽)

사실	이유
✔ 연구개발팀이 바쁘다 ·········	신제품을 개발하다
1. 홍보팀 아나 주임이 광고 회사 사람을 자주 만나다 ────	텔레비전 광고를 만들다
2. 영업팀 일이 많다	다음 주에 사원들을 교육해야 하다
3. 인사팀 흐엉 씨가 스트레스를 많이 받다 ✕	요즘 팔아야 할 제품이 많다

1. 홍보팀 아나 주임이 광고 회사 사람들을 자주
   만나요
   자주 만나는 편이에요
   텔레비전 광고를 만들어서요

2. 영업팀 일이 많아요
   많은 편이에요
   요즘 팔아야 할 제품이 많아서요

3. 인사팀 흐엉 씨가 스트레스를 많이 받아요
   많이 받는 편이에요
   다음 주에 사원들을 교육해야 해서요

해 봅시다 (43쪽)

2. (1) ①   (2) ① ○   ② ✕

4과	**인사**

Part 1

도입 (44쪽)

✔ 장핑 씨는 이번에 입사했습니다.

연습해 봅시다 (45쪽)

1. (1) 최선을 다하겠습니다
   (2) 많이 도와주십시오
   (3) 열심히 하겠습니다

2. (1) 잘 부탁드립니다
       업무를 잘 배웠으면 좋겠습니다
   (2) 많이 도와주십시오
       우리 부서에 도움이 됐으면 좋겠습니다
   (3) 최선을 다하겠습니다
       선배들과 즐겁게 지냈으면 좋겠습니다

말해 봅시다 (46쪽)

1. 선배들한테 일을 잘 배웠으면 좋겠습니다
   많이 도와주십시오

2. 부서 사람들과 잘 지냈으면 좋겠습니다
   잘 부탁드립니다

3. 맡은 일을 잘하는 사원이 됐으면 좋겠습니다
   최선을 다하겠습니다

해 봅시다 (47쪽)

2. (1) ②   (2) ① ✕   ② ○

Part 2

도입 (48쪽)

✔ 반갑습니다.

✔ 세종전자에서 일하는 이민수입니다.

연습해 봅시다 (49쪽)

1. (1) 말씀 많이 들었습니다
   (2) 또 연락드리겠습니다, 다음에 뵙겠습니다
   (3) 다음에 뵙겠습니다, 또 연락드리겠습니다

2. (1) 만나서 반갑습니다
       홍보가 잘 된 덕분에
   (2) 뵙고 싶었습니다
       모두들 열심히 준비한 덕분에
   (3) 말씀 많이 들었습니다
       걱정해 주신 덕분에

말해 봅시다 (50쪽)

1. 디자인을 바꾸신 덕분에
   '앞으로도 잘 부탁드립니다, 또 연락드리겠습니
   다, 우리 회사에도 도움이 많이 됐습니다' 중에
   서 하나

2. 광고를 잘 만드신 덕분에
   '앞으로도 잘 부탁드립니다, 또 연락드리겠습니
   다, 우리 회사에도 도움이 많이 됐습니다' 중에
   서 하나

3. 좋은 분들을 소개해 주신 덕분에
   '앞으로도 잘 부탁드립니다, 또 연락드리겠습니
   다, 우리 회사에도 도움이 많이 됐습니다' 중에
   서 하나

어휘 및 표현 (52쪽)

1. ②　　**2.** ①　　**3.** ②　　**4.** ②　　**5.** ③

문법 (53쪽)

6. ③　　**7.** ②　　**8.** ③　　**9.** ③

듣기 (54쪽)

10. ②　　**11.** ②　　**12.** ③

읽기 (55쪽)

13. ①　　**14.** ③　　**15.** ③

5과　회사 생활

Part 1

도입 (56쪽)

☑ 오늘 점심 약속이 있습니다.

연습해 봅시다 (57쪽)

1. (1) 지각했습니다　　(2) 야근했습니다
　　(3) 퇴근했습니다

2. (1) 퇴근하기 전에
　　　　내일 일정
　　(2) 홍보팀을 만나기 전에
　　　　약속 시간
　　(3) 거래처에 전화하기 전에
　　　　이메일 내용

말해 봅시다 (58쪽)

1. 퇴근하기 전
　　보고서를 작성해야 해요
　　보고서를 작성하기 전에 이메일을 확인해 주세요

2. 홍보팀과 점심 먹기 전
　　식당을 예약해야 해요
　　식당을 예약하기 전에 인원을 확인해 주세요

3. 거래처에 전화하기 전
　　이메일을 작성해야(써야) 해요
　　이메일을 작성하기 전에(쓰기 전에) 전화번호를
　　확인해 주세요

해 봅시다 (59쪽)

2. (1) ① 회의실　　　　　　② 10:00 (10시)
　　　　③ 점심 (점심 식사)　④ 퇴근
　　(2) ① ×　② ○

Part 2

도입 (60쪽)

☑ 몸이 아픈 사람들을 도와줍니다.

연습해 봅시다 (61쪽)

1. (1) 동호회　　　　　(2) 창립기념일 행사
　　(3) 회식

2. (1) 회식
　　　　퇴근 후에 같이 저녁을 먹는데
　　　　선배님들과 이야기를 많이 할 수 있어요
　　(2) 동호회 모임
　　　　한 달에 두 번 모이는데
　　　　스트레스를 풀 수 있어요
　　(3) 창립기념일 행사
　　　　오전 10시에 시작하는데
　　　　행사도 하고 기념품도 줘요

말해 봅시다 (62쪽)

1. 회사 야유회
　　9월 24일인데
　　장소도 예약하고 기념품도 준비해야 해요

2. 우리 부서 회식
　　다음 주 금요일인데
　　참석 인원도 확인하고 식당도 예약해야 해요

3. 동호회 모임
　　이번 주 토요일인데
　　회원들에게 연락도 하고 음료수도 준비해야 해요

해 봅시다 (63쪽)

2. (1) 회사 홈페이지에서 신청합니다
　　(2) ① ×　② ○

6과 일상생활

Part 1

연습해 봅시다 (65쪽)

1. (1) 짜증이 납니다　　(2) 싫어합니다
(3) 기뻐합니다

2.

(1) 오늘 저녁에 갈비를 먹을 거예요
정말 맛있겠어요
(2) 오늘 저녁에 소개팅을 할 거예요
기대가 되겠어요
(3) 어제 아이 학교 발표회에 못 갔어요
아이가 섭섭했겠어요

말해 봅시다 (66쪽)

1. 아이들과 놀이공원에 갈 거예요
아이들이 좋아하겠어요

2. 친구들과 노래방에 갔어요
정말 재미있었겠어요

3. 어머니께 맛있는 음식을 사 드렸어요
어머니께서 기뻐하셨겠어요

해 봅시다 (67쪽)

2. (1) ①　　　　　　(2) ① ○　② ×

Part 2

연습해 봅시다 (69쪽)

1. (1) 콘서트에 가고 싶어요
(2) 영화 감상을 하고 싶어요
(3) 스포츠 경기를 관람하고 싶어요

2. (1) 스키를 탄 적이 있어요
네, 저는 탄 적이 있어요
(2) 한국어 이메일을 받은 적이 있어요
네, 저는 받은 적이 있어요
(3) 스포츠 경기를 관람한 적이 있어요
아니요, 저는 관람한 적이 없어요

말해 봅시다 (70쪽)

1. 콘서트에 간 적이 있어요
간 적이 없어요

2. 스카이다이빙을 한 적이 있어요
한 적이 없어요

3. 스키를 탄 적이 있어요
탄 적이 없어요

해 봅시다 (71쪽)

2. (1) ③　　　　　(2) ① ×　② ○

복습 3　5~6과

어휘 및 표현 (72쪽)

1. ②　　**2.** ①　　**3.** ③　　**4.** ①　　**5.** ③

문법 (73쪽)

6. ②　　**7.** ①　　**8.** ①　　**9.** ②

듣기 (74쪽)

10. ③　　**11.** ①　　**12.** ③

읽기 (75쪽)

13. ①　　**14.** ③　　**15.** ②

7과　업무 전화

Part 1

도입 (76쪽)

✓ 자오웨이 차장님은 지금 회의합니다.

연습해 봅시다 (77쪽)

1. (1) 어디라고 전해 드릴까요?
(2) 전화 왔다고 전해 주세요.
(3) 이라고 하셨지요?

2. (1) 김수지 과장님
회의 준비 때문에 바쁘신 것 같습니다
(2) 리야 대리님
몸이 안 좋아서 일찍 퇴근하신 것 같습니다
(3) 자오웨이 차장님
거래처 전화를 받으시는 것 같습니다

말해 봅시다 (78쪽)

1. 휴가를 가신 것 같습니다
다음 주에

2. 외출 중이신 것 같습니다
내일

3. 식사하러 가신 것 같습니다
두 시간 후에

해 봅시다 (79쪽)

2. (1) ③　　　　　(2) ① ×　② ○

Part 2

연습해 봅시다 (81쪽)

1. (1) 메모 좀 부탁드립니다
(2) 메모를 전할게요

2. (1) 들어왔음　　　(2) 생겼음
(3) 할 것 같음

말해 봅시다 (82쪽)

1. 우리 회사 텔레비전 가격을 알고 싶어서 전화
했음

2. 신제품 광고 내용을 결정해야 해서 전화했음

3. 회의 시간을 변경했으면 좋겠음

해 봅시다 (83쪽)

2. (1) ②　　　　　(2) ① ×　② ○

3. (1) 구매
(2) 신제품 디자인을 변경했으면 좋겠음
(3) 돈이 많이 들어서 할 수 없음

8과　휴가

Part 1

도입 (84쪽)

☑ 여자는 제주도에 갈 겁니다.

연습해 봅시다 (85쪽)

1. (1) 출산 휴가　　(2) 경조 휴가
(3) 여름휴가

2.

(1) 휴가
프로젝트가 잘 끝나서 포상 휴가를 가려고
합니다

(2) 연차 휴가
다음 주 수요일에 연차 휴가를 내려고 합니
다

(3) 출산 휴가
다음 달부터 출산 휴가를 쓰려고 합니다

말해 봅시다 (86쪽)

1. 오늘 오후
언니의 음악 공연이 있어요. 그래서 가족과 함께
공연을 보려고 합니다
(언니의 음악 공연이 있어서 가족과 함께 공연
을 보려고 합니다)

2. 목요일 오전
동생이 대학을 졸업합니다. 그래서 동생 졸업식
에 참석하려고 합니다
(동생이 대학을 졸업해서 동생 졸업식에 참석하
려고 합니다)

3. 금요일 오후
통장을 만들고 싶습니다. 그래서 은행에 가려고
합니다
(통장을 만들고 싶어서 은행에 가려고 합니다)

해 봅시다 (87쪽)

2. (1) ②　　　　　(2) 5 (오)

Part 2

연습해 봅시다 (89쪽)

1. (1) 박, 일　　　　(2) 체크인
(3) 객실

2. (1) 객실을 좀 옮겨도 돼요
(2) 체크아웃 시간을 바꿔도 돼요
(3) 한 달 동안 이 방에서 묵어도 돼요

말해 봅시다 (90쪽)

1. 내일 회의에 가야 해요
   우리 팀 회의를 다음 주로 늦춰도 돼요

2. 오늘 기념품을 사려고 해요
   오후에 잠깐 들러도 돼요

3. 객실이 좀 더러워요
   객실을 옮겨도 돼요

해 봅시다 (91쪽)

2. (1) ☑ 조식   ☑ 어린이 침대
   (2) ① ×   ② ×

복습 4 7~8과

어휘 및 표현 (92쪽)

1. ②   **2.** ③   **3.** ②   **4.** ②   **5.** ②

문법 (93쪽)

6. ②   **7.** ①   **8.** ①   **9.** ①

듣기 (94쪽)

10. ①   **11.** ③   **12.** ③

읽기 (95쪽)

13. ③   **14.** ①   **15.** ①

9과 고객 응대

Part 1

도입 (96쪽)

☑ 남자는 이 부장님을 만나러 왔습니다.

연습해 봅시다 (97쪽)

1.

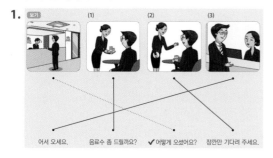

어서 오세요.   음료수 좀 드릴까요?   ✔어떻게 오셨어요?   잠깐만 기다려 주세요.

2. (1) 다음 주에 출장에서 돌아오시니까 다음 주에 다시 방문해 주세요.
   (2) 오늘 외근을 가셨으니까 메모를 전해 드릴까요?
   (3) 잠깐 자리를 비우셨으니까 여기에서 잠깐 기다려 주세요.

말해 봅시다 (98쪽)

1. 자오웨이 차장님
   회의 중이시니까

2. 박지원 부장님
   중국에 출장 가셨으니까

3. 최정훈 지사장님
   자리에 안 계시니까

해 봅시다 (99쪽)

2. (1) ②   (2) ① ○   ② ×

Part 2

도입 (100쪽)

☑ 여자는 남자를 안내합니다.

연습해 봅시다 (101쪽)

1. (1) 둘러보세요   (2) 시음해
   (3) 사용해

2. (1) 무엇   사용하시겠습니까
       신제품   사용하고
   (2) 누구   만나시겠습니까
       이민수 대리   만나고
   (3) 무엇   시음하시겠습니까
       새로 나온 음료수   시음하고

말해 봅시다 (102쪽)

1. 신어 보시겠습니까
   디자인이 예뻐서 여성 고객들이 좋아하겠어요

2. 드셔 보시겠습니까
   맛있어서 아이들이 좋아하겠어요

3. 사용해 보시겠습니까
   기능이 많아서 고객들이 좋아하겠어요

해 봅시다 (103쪽)

2. (1) ②　　　　　　　(2) ① ○　② ×

10과　회의

Part 1

연습해 봅시다 (105쪽)

1. (1) 회의 참석자　　　(2) 회의 안건
(3) 회의 자료

2. (1) 회의록을 인쇄해 줄래요
(2) 회의실을 예약해 줄래요
(3) 회의 참석자에게 이메일을 보내 줄래요

말해 봅시다 (106쪽)

1. 이 책상을 옮겨야 해요
같이 들어 줄래요

2. 회의실을 예약해야 해요
회의 시간을 다시 확인해 줄래요

3. 회의 자료를 복사해야 해요
회의 자료를 컴퓨터에서 좀 찾아 줄래요

해 봅시다 (107쪽)

2. (1) ①　　　　　　　(2) ① ○　② ×

Part 2

연습해 봅시다 (109쪽)

1. (1) 분석합니다　　　(2) 제작합니다
(3) 광고합니다

2. • TV 광고를 제작하는 것
• 남성 고객의 의견을 듣는 것
• 비용이 적게 드는 광고를 기획하는 것

말해 봅시다 (110쪽)

1. 라디오 광고를 하는 것이 어떻습니까
라디오 광고
비용이 적게 듭니다

2. 인터넷 광고를 하는 것이 어떻습니까
인터넷 광고
제작하는 것이 쉽습니다

3. 신문 광고를 하는 것이 어떻습니까
신문 광고
많은 사람이 볼 수 있습니다

해 봅시다 (111쪽)

2. (1) ③　　　　　　　(2) ① ○　② ○

복습 5　9~10과

어휘 및 표현 (112쪽)

1. ②　　**2.** ③　　**3.** ①　　**4.** ③　　**5.** ①

문법 (113쪽)

6. ②　　**7.** ③　　**8.** ①　　**9.** ②

듣기 (114쪽)

10. ①　　**11.** ②　　**12.** ③

읽기 (115쪽)

13. ①　　**14.** ②　　**15.** ③

11과　출장

Part 1

연습해 봅시다 (117쪽)

1. (1) 출장지　　　　　(2) 출장비
(3) 출장 일정

2. (1) 항공권을 사려면
출장지를 알아야 해요
(2) 출장비를 받으려면
총무팀에 요청해야 해요
(3) 출장 일정을 변경하려면
과장님과 의논해야 해요

말해 봅시다 (118쪽)

1. 법인 카드를 받으려면
팀장님에게 말씀하세요

2. 회의실 예약을 확인하려면
총무팀에 전화하세요

3. 신제품을 보려면
전시실에 가 보세요

해 봅시다 (119쪽)

2. (1) ①   (2) ① ○   ② ○

Part 2

연습해 봅시다 (121쪽)

1. (1) 시장 조사   (2) 선호도
    (3) 연령대

2. • 오늘까지 발표 자료를 만듭시다
    • 다음 달에 시장 조사를 합시다
    • 우리 회사 제품의 소비자 반응을 예상해 봅시다

말해 봅시다 (122쪽)

1. 연령대의 차이를 조사할까요
    30대와 40대를 조사합시다

2. 고객의 의견을 수집할까요
    20대 의견부터 수집합시다

3. 홍콩으로 출장을 갈까요
    출장을 계획합시다

해 봅시다 (123쪽)

2. (1) ①   (2) ① ×   ② ○

12과   **보고 1**

Part 1

도입 (124쪽)

☑ 업무를 보고합니다.

연습해 봅시다 (125쪽)

1. (1) 잘됐네요
    (2) 보고서로 올리겠습니다
    (3) 잘 다녀왔습니다

2. (1) 가볍거나   기능이 좋은
    (2) 기능이 많거나   디자인이 단순한
    (3) 디자인이 멋있거나   귀여운

말해 봅시다 (126쪽)

1. 아주 좋았습니다
    색이 예쁘거나 디자인이 귀여운

2. 나쁘지 않았습니다
    기능이 좋거나 속도가 빠른

3. 별로 안 좋았습니다
    가격이 비싸거나 크기가 큰

해 봅시다 (127쪽)

2. (1) ②   (2) ① ○   ② ×

Part 2

도입 (128쪽)

☑ 보고서 제목   ☑ 보고서를 만든 날짜
☑ 보고하는 사람의 부서   ☑ 보고서를 쓴 사람 이름

연습해 봅시다 (129쪽)

1. (1) 작성자   (2) 작성일
    (3) 제목

2. (1) 출장 계획서를 작성하기로 했어요
    (2) 홍보 기획서를 만들기로 했어요
    (3) 거래처에 이메일을 보내기로 했어요

말해 봅시다 (130쪽)

1. 내일까지 작성하기로 했어요
    회의 내용을 꼭 확인해야 해요

2. 수요일까지 쓰기로 했어요
    출장 일정을 꼭 확인해야 해요

3. 오늘까지 정하기로 했어요
    과장님께 먼저 확인해야 해요

해 봅시다 (131쪽)

1. ☑ 제목   ☑ 작성자   ☑ 작성일

2. (1) 자오웨이 차장   (2) ③

복습 6   **11~12과**

어휘 및 표현 (132쪽)

1. ②   **2.** ①   **3.** ②   **4.** ①   **5.** ②

문법 (133쪽)

6. ②　　**7.** ②　　**8.** ①　　**9.** ②

듣기 (134쪽)

10. ①　　**11.** ③　　**12.** ①

읽기 (135쪽)

13. ②　　**14.** ①　　**15.** ①

문법 설명

1과 구직 활동

Part 1 **(이)나** (16쪽)

명사 뒤에 붙어서 앞 명사와 뒤 명사 중에서 어느 것이든 선택할 수 있음을 나타낸다.

> 예 (1) 바다나 산에 가고 싶어요.
> (2) 토요일 점심이나 저녁에 만나요.
> (3) 회사에 갈 때 지하철이나 버스를 탑니다.

Part 2 **동안** (20쪽)

명사 뒤에 와서 어떤 일이 이루어지는 기간을 나타낸다.

> 예 (1) 한 달 동안 여행을 할 거예요.
> (2) 한 시간 동안 친구를 기다렸어요.
> (3) 6개월 동안 한국에 있는 회사에서 일했습니다.

2과 면접 준비

Part 1 **–(으)ㄴ/는/(으)ㄹ** (24쪽)

동사 뒤에 붙어서 그 뒤에 오는 명사를 수식하고 그 사건이나 행위가 과거, 현재, 미래에 일어남을 나타낸다.

> 예 (1) 어제 먹은 불고기가 맛있었어요.
> (2) 지금 하는 일이 재미있습니다.
> (3) 제가 내일 볼 영화를 예약할게요.

Part 2 **–(으)ㄹ 수 있다/없다** (28쪽)

동사 뒤에 붙어서 가능함과 불가능함을 나타낸다.

> 예 (1) 저는 수영할 수 있어요.
> (2) 저는 한국어 책을 읽을 수 있어요.
> (3) 제 동생은 피아노를 칠 수 없어요.

3과 부서와 직급

Part 1 **–기 때문에** (36쪽)

동사나 형용사 뒤에 붙어서 이유를 나타낸다.

> 예 (1) 사람들과 같이 일하기 때문에 힘들지 않습니다.
> (2) 공부를 열심히 했기 때문에 시험 성적이 좋습니다.
> (3) 저는 베트남 사람이기 때문에 한국말을 잘 못합니다.

Part 2 **–(으)ㄴ/는 편이다** (40쪽)

동사나 형용사, '명사+이다' 뒤에 붙어서 그러한 경향이 있음을 나타낸다.

> 예 (1) 제 동생은 키가 큰 편이에요.
> (2) 흐엉 씨는 요즘 회사 일이 많은 편이에요.
> (3) 민수 씨는 밥을 많이 먹는 편이에요.

4과 인사

Part 1 **–았/었으면 좋겠다** (44쪽)

동사나 형용사 뒤에 붙어서 희망이나 바람의 의미를 나타낸다.

> 예 (1) 같이 일했으면 좋겠어요.
> (2) 내년에 한국에 갔으면 좋겠어요.
> (3) 제가 만든 음식이 맛있었으면 좋겠어요.

Part 2 **–(으)ㄴ 덕분에** (48쪽)

동사 뒤에 붙어서 감사하는 이유나 좋은 일이 생긴 이유를 나타낸다.

> 예 (1) 친구가 도와준 덕분에 일이 빨리 끝났어요.
> (2) 선생님이 잘 가르쳐 주신 덕분에 시험을 잘 봤어요.
> (3) 친구와 면접 준비를 한 덕분에 면접을 잘 봤습니다.

5과 회사 생활

Part 1 **-기 전에** (56쪽)

동사 뒤에 붙으며 뒤에 오는 행위나 상태가 앞에 오는 행위보다 시간상으로 앞서는 것을 나타낸다.

> 예 (1) 밥을 먹기 전에 손을 씻어요.
> (2) 친구를 만나기 전에 전화했어요.
> (3) 수영하기 전에 준비 운동을 해야 돼요.

Part 2 **-(으)ㄴ/는데** (60쪽)

동사나 형용사 뒤에 붙어서 뒤에 이어서 말할 내용의 배경이나 상황을 나타낸다.

> 예 (1) 보통 회식은 퇴근 후에 하는데 8시쯤 끝나요.
> (2) 이 사람은 제 동생인데 일본 회사에서 일해요.
> (3) 어제 김밥을 만들었는데 정말 맛있었어요.

6과 일상생활

Part 1 **-겠-** (64쪽)

동사나 형용사 뒤에 붙어서 말할 때 상황이나 상태를 보고 추측함을 나타낸다.

> 예 (1) 선물을 받아서 기분이 좋았겠어요.
> (2) 요즘 회사 일이 많아서 힘들겠어요.
> (3) 부모님을 자주 못 만나서 보고 싶겠어요.

Part 2 **-(으)ㄴ 적이 있다/없다** (68쪽)

동사 뒤에 붙어서 그 일을 한 경험이 있거나 없음을 나타낸다.

> 예 (1) 저는 한국 음식을 먹은 적이 있어요.
> (2) 저는 스카이다이빙을 한 적이 없어요.
> (3) 회사 동료들과 같이 놀러 간 적이 있어요.

7과 업무 전화

Part 1 **-(으)ㄴ/는 것 같다** (76쪽)

동사나 형용사 뒤에 붙어서 말하는 내용이 불확실한 판단임을 나타낸다.

> 예 (1) 오늘 날씨가 추운 것 같아요.
> (2) 영화가 재미있는 것 같아요.
> (3) 지금 비가 오는 것 같아요.

Part 2 **-(으)ㅁ** (80쪽)

어떤 사실을 간단하게 기록하거나 알릴 때 쓴다.

> 예 (1) 다음 주에 외근을 감.
> (2) 창립기념일 행사에 꼭 참석해야 함.
> (3) 2시에 회의가 있음.

8과 휴가

Part 1 **-(으)려고 하다** (84쪽)

동사 뒤에 붙어 어떤 일을 할 의도가 있음을 나타낸다.

> 예 (1) 내일은 회사에 일찍 가려고 해요.
> (2) 내일 은행에서 돈을 찾으려고 해요.
> (3) 대학교를 졸업한 후에 무역 회사에 취직하려고 해요.

Part 2 **-아/어도 되다** (88쪽)

동사 뒤에 붙어서 그 행위의 허락이나 허용을 나타낸다.

> 예 (1) 이 빵을 먹어도 돼요.
> (2) 조금 후에 전화해도 돼요?
> (3) 이 복사기를 지금 써도 돼요?

9과 고객 응대

Part 1 – (으)니까 (96쪽)

동사나 형용사 뒤에 붙어서 앞의 내용이 뒤의 내용의 이유가 됨을 나타낸다.

- 예 (1) 양말이 싸니까 많이 샀어요.
  - (2) 회의가 있으니까 회의록을 작성해 주세요.
  - (3) 이 노래를 들으니까 스트레스가 풀렸어요.

Part 2 – (으)시겠습니까 (100쪽)

동사 뒤에 붙어서 상대방의 의향을 공손하게 물어볼 때 쓰인다.

- 예 (1) 택시를 타시겠습니까?
  - (2) 이 자리에 앉으시겠습니까?
  - (3) 오늘 점심 식사는 무엇으로 하시겠습니까?

10과 회의

Part 1 – 아/어 줄래요 (104쪽)

동사 뒤에 붙어서 다른 사람에게 어떤 일을 요청함을 나타낸다.

- 예 (1) 볼펜 좀 빌려 줄래요?
  - (2) 창문 좀 닫아 줄래요?
  - (3) 흐엉 씨한테 연락해 줄래요?

Part 2 – 는 것 (108쪽)

동사 뒤에 붙어서 그 동사를 명사처럼 쓰이게 한다.

- 예 (1) 버스로 가는 것이 좋아요
  - (2) 오늘 점심에 냉면을 먹는 것이 어때요?
  - (3) 비행기 표를 빨리 사는 것이 좋겠습니다.

11과 출장

Part 1 – (으)려면 (116쪽)

'–(으)려고 하면'을 짧게 줄인 말로 그 일을 할 의도가 있음을 가정할 때 쓴다.

- 예 (1) 회사에 일찍 도착하려면 지금 나가야 합니다.
  - (2) 다른 나라에 여행 가려면 여권이 있어야 해요.
  - (3) 비빔밥을 먹으려면 한식당에 가세요.

Part 2 – (으)ㅂ시다 (120쪽)

동사 뒤에 붙어서 같이 할 것을 제안하거나 요청에 대한 승낙을 할 때 쓴다.

- 예 (1) 내일까지 보고서를 다 씁시다.
  - (2) 점심에 불고기를 먹읍시다.
  - (3) 이번 주말에 같이 영화를 봅시다.

12과 보고 1

Part 1 – 거나 (124쪽)

동사나 형용사 뒤에 붙어서 앞의 것이나 뒤의 것 중에서 어느 것이든 선택할 수 있음을 나타낸다.

- 예 (1) 저녁에 텔레비전을 보거나 책을 읽습니다.
  - (2) 일이 많으면 야근하거나 주말에 회사에 나옵니다.
  - (3) 친구와 같이 맛있는 음식을 먹거나 영화를 봅니다.

Part 2 – 기로 하다 (128쪽)

동사 뒤에 붙어서 그 일을 할 것을 결정하거나 결심했음을 나타낸다.

- 예 (1) 회사 야유회는 가을에 가기로 합시다.
  - (2) 여름휴가에 가족들과 한국에 여행 가기로 했어요.
  - (3) 우리 회사 사람들은 창립기념일에 모두 양복을 입기로 했어요

동사/형용사 활용표

					이다	있다	가다
평서형	-아/어요	현재	긍정		예요, 이에요	있어요	가요
			부정		이/가 아니에요	없어요	안 가요 가지 않아요
		과거	긍정		였어요, 이었어요	있었어요	갔어요
			부정		이/가 아니었어요	없었어요	안 갔어요 가지 않았어요
		미래/ 추측	긍정		일 거예요	있을 거예요	갈 거예요
			부정		이/가 아닐 거예요	없을 거예요	안 갈 거예요 가지 않을 거예요
	-습니다	현재	긍정		입니다	있습니다	갑니다
			부정		이/가 아닙니다	없습니다	안 갑니다 가지 않습니다
		과거	긍정		였습니다, 이었습니다	있었습니다	갔습니다
			부정		이/가 아니었습니다	없었습니다	안 갔습니다 가지 않았습니다
		미래	긍정		일 겁니다	있을 겁니다	갈 겁니다
			부정		이/가 아닐 겁니다	없을 겁니다	안 갈 겁니다 가지 않을 겁니다
명령형	-(으)세요		긍정		–	있으세요	가세요
			부정		–	있지 마세요	가지 마세요
청유형	-(으)ㅂ시다		긍정		–	있읍시다	갑시다
			부정		–	있지 맙시다	가지 맙시다

읽다	살다	만들다
읽어요	살아요	만들어요
안 읽어요 읽지 않아요	안 살아요 살지 않아요	안 만들어요 만들지 않아요
읽었어요	살았어요	만들었어요
안 읽었어요 읽지 않았어요	안 살았어요 살지 않았어요	안 만들었어요 만들지 않았어요
읽을 거예요	살 거예요	만들 거예요
안 읽을 거예요 읽지 않을 거예요	안 살 거예요 살지 않을 거예요	안 만들 거예요 만들지 않을 거예요
읽습니다	삽니다	만듭니다
안 읽습니다 읽지 않습니다	안 삽니다 살지 않습니다	안 만듭니다 만들지 않습니다
읽었습니다	살았습니다	만들었습니다
안 읽었습니다 읽지 않았습니다	안 살았습니다 살지 않았습니다	안 만들었습니다 만들지 않았습니다
읽을 겁니다	살 겁니다	만들 겁니다
인 읽을 겁니다 읽지 않을 겁니다	안 살 겁니다 살지 않을 겁니다	안 만들 겁니다 만들지 않을 겁니다
읽으세요	사세요	만드세요
읽지 마세요	살지 마세요	만들지 마세요
읽읍시다	삽시다	만듭시다
읽지 맙시다	살지 맙시다	만들지 맙시다

				어렵다	돕다	듣다
평서형 어미	-아/어요	현재	긍정	어려워요	도와요	들어요
			부정	안 어려워요 어렵지 않아요	안 도와요 돕지 않아요	안 들어요 듣지 않아요
		과거	긍정	어려웠어요	도왔어요	들었어요
			부정	안 어려웠어요 어렵지 않았어요	안 도왔어요 돕지 않았어요	안 들었어요 듣지 않았어요
		미래/ 추측	긍정	어려울 거예요	도울 거예요	들을 거예요
			부정	안 어려울 거예요 어렵지 않을 거예요	안 도울 거예요 돕지 않을 거예요	안 들을 거예요 듣지 않을 거예요
	-습니다	현재	긍정	어렵습니다	돕습니다	듣습니다
			부정	안 어렵습니다 어렵지 않습니다	안 돕습니다 돕지 않습니다	안 듣습니다 듣지 않습니다
		과거	긍정	어려웠습니다	도왔습니다	들었습니다
			부정	안 어려웠습니다 어렵지 않았습니다	안 도왔습니다 돕지 않았습니다	안 들었습니다 듣지 않았습니다
		미래/ 추측	긍정	어려울 겁니다	도울 겁니다	들을 겁니다
			부정	안 어려울 겁니다 어렵지 않을 겁니다	안 도울 겁니다 돕지 않을 겁니다	안 들을 겁니다 듣지 않을 겁니다
명령형 어미	-(으)세요		긍정	–	도우세요	들으세요
			부정	–	돕지 마세요	듣지 마세요
청유형 어미	-(으)ㅂ시다		긍정	–	도웁시다	들읍시다
			부정	–	돕지 맙시다	듣지 맙시다

자르다	부르다	붓다
잘라요	불러요	부어요
안 잘라요 자르지 않아요	안 불러요 부르지 않아요	안 부어요 붓지 않아요
잘랐어요	불렀어요	부었어요
안 잘랐어요 자르지 않았어요	안 불렀어요 부르지 않았어요	안 부었어요 붓지 않았어요
자를 거예요	부를 거예요	부을 거예요
안 자를 거예요 자르지 않을 거예요	안 부를 거예요 부르지 않을 거예요	안 부을 거예요 붓지 않을 거예요
자릅니다	부릅니다	붓습니다
안 자릅니다 자르지 않습니다	안 부릅니다 부르지 않습니다	안 붓습니다 붓지 않습니다
잘랐습니다	불렀습니다	부었습니다
안 잘랐습니다 자르지 않았습니다	안 불렀습니다 부르지 않았습니다	안 부었습니다 붓지 않았습니다
자를 겁니다	부를 겁니다	부을 겁니다
안 자를 겁니다 자르지 않을 겁니다	안 부를 겁니다 부르지 않을 겁니다	안 부을 겁니다 붓지 않을 겁니다
자르세요	부르세요	부으세요
자르지 마세요	부르지 마세요	붓지 마세요
자릅시다	부릅시다	부읍시다
자르지 맙시다	부르지 맙시다	붓지 맙시다

				가다	읽다	살다
관형형 어미	-(으)ㄴ/ 는/(으)ㄹ	현재	긍정	가는	읽는	사는
			부정	가지 않는	읽지 않는	살지 않는
		과거	긍정	간	읽은	산
			부정	가지 않은	읽지 않은	살지 않은
		미래	긍정	갈	읽을	살
			부정	가지 않을	읽지 않을	살지 않을
	-았/었던			갔던	읽었던	살았던
명사형 어미	-(으)ㅁ			감	읽음	삶
종결 어미	-(는)군요	현재		가는군요	읽는군요	사는군요
		과거		갔군요	읽었군요	살았군요
		미래/추측		갈 거군요	읽을 거군요	살 거군요
	-(으)ㄹ까요			갈까요	읽을까요	살까요
연결 어미	-(으)ㄴ/ 는데	현재		가는데	읽는데	사는데
		과거		갔는데	읽었는데	살았는데
		미래		갈 건데	읽을 건데	살 건데
	-지만			가지만	읽지만	살지만
	-고			가고	읽고	살고
	-아/어서			가서	읽어서	살아서
	-(으)면			가면	읽으면	살면
	-(으)니까			가니까	읽으니까	사니까

만들다	듣다	자르다	붓다	돕다	어렵다
만드는	듣는	자르는	붓는	돕는	어려운
만들지 않는	듣지 않는	자르지 않는	붓지 않는	돕지 않는	어렵지 않은
만든	들은	자른	부은	도운	–
만들지 않은	듣지 않은	자르지 않은	붓지 않은	돕지 않은	–
만들	들을	자를	부을	도울	–
만들지 않을	듣지 않을	자르지 않을	붓지 않을	돕지 않을	–
만들었던	들었던	잘랐던	부었던	도왔던	어려웠던
만듦	들음	자름	부음	도움	어려움
만드는군요	듣는군요	자르는군요	붓는군요	돕는군요	어렵군요
만들었군요	들었군요	잘랐군요	부었군요	도왔군요	어려웠군요
만들 거군요	들을 거군요	자를 거군요	부을 거군요	도울 거군요	–
만들까요	들을까요	자를까요	부을까요	도울까요	어려울까요
만드는데	듣는데	자르는데	붓는데	돕는데	어려운데
만들었는데	들었는데	잘랐는데	부었는데	도왔는데	어려웠는데
만들 건데	들을 건데	자를 건데	부을 건데	도울 건데	어려울 건데
만들지만	듣지만	자르지만	붓지만	돕지만	어렵지만
만들고	듣고	자르고	붓고	돕고	어렵고
만들어서	들어서	잘라서	부어서	도와서	어려워서
만들면	들으면	자르면	부으면	도우면	어려우면
만드니까	들으니까	자르니까	부으니까	도우니까	어려우니까

어휘 및 표현 색인

듣기 파일 목차

|기획·담당|

장미경 세종학당 콘텐츠지원부 부장
박성민 세종학당 콘텐츠지원부 과장
김민우 세종학당 콘텐츠지원부 주임

|집필진|

김현진 이화여자대학교 언어교육원/이화여자대학교 문학 박사
강승혜 연세대학교 교육대학원/연세대학교 교육학 박사
홍윤혜 홍익대학교 교양학부/연세대학교 문학 박사
한상미 연세대학교 언어연구교육원/연세대학교 문학 박사
박수연 세종사이버대학교 한국어학과/연세대학교 문학 박사

|보조 연구원|

최유미 이화여자대학교 언어교육원/연세대학교 한국어교육 석사
이효경 이화여자대학교 언어교육원/이화여자대학교 한국어교육 석사
박다은 이화여자대학교 언어교육원/이화여자대학교 한국어교육 석사
김은실 이화여자대학교 언어교육원/연세대학교 교육학과 박사 수료
이경수 광운대학교 한국어문화교육센터/상명대학교 문학 박사
전요한 연세대학교 한국어교육 석사

바로 배워 바로 쓰는
비즈니스 한국어 *1*

초판 1쇄 발행 2019년 12월 30일
7쇄 발행 2024년 3월 26일

기획·개발 세종학당재단
펴낸이 박영호
기획팀 송인성, 김선명
편집팀 박우진, 김영주, 김정아, 최미라, 전혜련, 박미나
관리팀 임선희, 정철호, 김성언, 권주련
펴낸곳 (주)도서출판 하우

주소 서울시 중랑구 망우로68길 48
전화 (02)922-7090
팩스 (02)922-7092
홈페이지 http://www.hawoo.co.kr
e-mail hawoo@hawoo.co.kr
등록번호 제2016-000017호

값 11,000원 (MP3 포함)
ISBN 979-11-90154-36-9 14710
ISBN 979-11-90154-35-2 14710 (set)

🎧 **무료 MP3 내려받기** hawoo.co.kr 접속 후 (주)도서출판 하우 자료실에서 내려받기